조선시대
춘천의 가문

2025년 9월 22일 초판 1쇄 발행

글   한희민
펴낸이   원미경
펴낸곳   도서출판 산책
편집   박윤희

등록   1993년 5월 1일 춘천80호
주소   강원특별자치도 춘천시 우두강둑길 185
Tel   033) 254-8912

ISBN 978-89-7864-179-1   정가 15,000원

조선시대
춘천의 가문

8 8

한희민 지음

춘천의 별호(別號)를 수춘(壽春)이라 한다. 필자는 그 뜻을 알기 위하여 많은 시간을 갖고 춘천의 산천을 탐색하며 그 속에서 살고 있는 사람들의 뿌리와 유물을 만났다. 춘천지역 인류의 역사는 서면의 월송리·갈둔리·서상리, 동면의 만천리, 남산면 한덕리·산수리 등에서 구석기시대 유물이 발굴됨으로써 아주 오래전부터 시작되었음을 알 수 있다. 인류가 살기에 좋은 터전임이 증명된 것이다.

조선 후기 춘천 출신 유학자인 연정(淵正) 최좌해(崔左海: 1738~1799) 선생의 문집 『퇴록(退錄)』에 수춘(壽春)의 의미를 산천(山川)·정신(情神)·물산(物産)에 빗대어 설명하였다. "춘천의 산천은 높고 험하여 기(氣)가 저장되어 있고, 조그마한 못과 물이 있어 오래 살 수 있는 것이 하나요, 세상을 살기 위하여 분주히 돌아다닐 염려를 하여 그 정신을 손상하는 것이 적어 오래 살 수 있는 것이 두 번째이고, 물고기·벼·맛 좋은 음식이 있어 오래 살 수 있는 것이 세 번째라 하였다. 이는 지리적으로 개성(開城)과 한양(漢陽)으로부터 3~4일이면 도착할 수 있어 정치적으로는 근기지역(近畿지역)에서 벗어나 정쟁에 휩쓸리지 않으며, 전쟁 발생 때에는 외적(북방, 남방)의 직접 통로에서 벗어나 전란에 피해가 적었고, 춘천부 내에는 우두 뜰과 샘밭 뜰이 있고, 소양강과 자양강(북한강)이 합수됨으로써 충분한 물산이 생산되지는 않지만, 어느 정도는 가문을 유지할 수 있다는 의미일 것이다.

답사와 문헌적 탐문을 통하여 유사(有史) 이후 춘천의 인구는 조선의 창업과 더불어 한양과 경기지역에 있던 가문(家門)의 입향(入鄉)으로 증가하였으며, 이후 임진왜란(1592)과 병자호란(1636)을 피해 입향한 가문이 더해지고, 조선 후기 당쟁의 격화로 낙향한 가문들로 인하여 세거 씨족으로의 명성과 번영이 이루어진 것을 볼 수 있었다.

이 책에서 기록한 가문들은 입향조(入鄉祖)가 분명하고 또한 문헌적 기록과 유물이 존재하는 가문(家門)만 실었다. 거기에 더해 문학작품과 구비문학을 넣어 춘천지역의 인문학적 소양을 더하고자 하였다. 추후 새롭게 밝혀지는 가문이 있으면 기쁘게 찾아뵐 것이다.

이 책을 위하여 동행해준 지명(地名)연구가 연안이씨 이구영 선생께 감사드리고, 도서출판 산책 원미경 선생과 직원분들에게 감사드린다.

2025년 9월
춘천 서면 금산리 관남재(觀南齋)
한희민(韓熙珉)

차례

3부_ 조선 후기 입향 가문

춘천 박씨 가문

春川 朴氏 家門

『세종실록지리지』에 춘천의 토착 성씨(土姓)는 최(崔), 박(朴), 신(辛)이라 기록하였다. 3개 성씨 가운데 본향을 춘천으로 하여 지금까지 내려오는 가문은 박씨 가문이 유일하다.

춘천 박씨(春川 朴氏)의 시조 박항(朴恒: 1227~1281)은 자가 혁지(革之)이고 처음 이름은 박동보(朴東甫)였으며 춘주(春州)의 주리(州吏)였다. 신라 경명왕의 일곱째 아들인 강남대군(江南大君) 박언지(朴彦智)의 11세손이라고 한다. 고려 고종 때 문과에 급제하여 한림원(翰林院)을 거쳐 충주목사(忠州牧使)로 나갔으며, 충렬왕 때 승선(承宣)을 거쳐 동지밀직사(同知密直使)에 올라 왕을 호종하고 원(元)에 다녀와 좌명공신(佐命功臣)에 책록되고 춘성부원군(春城府院君)에 봉해졌다고 한다.[1] 고려 고종 38년(1261) 몽고군이 침입하여 춘천이 함락되었을 때 개성에서 달려와 부모의 시신을 거두려 하였으나 찾아내지 못하고 다른 사람의 시신 300여구를 찾아 예를 다하여 묻어 주었다고 한다. 동면 감정리에 있던 구봉서원에 배향되었다.

춘천시 신북읍 발산리 산2번지에서 영면을 취하는 문의공 박항의 묘역은 한 문중의 시조 묘역치고는 단출하다. 오랜 세월의 흔적을

---

1   춘천박씨종친회 족보 참조.

◔ 춘천 신북읍 발산리 춘천 박씨 시조 박항의 묘
◔ 춘천 박씨 시조 박항의 묘역 비석

간직한 석물과 단아한 묘소는 소박하기 그지없는 춘천사람의 본성과
같아 보인다.

북경로상(北京路上)[2]

가는 곳마다 똑같은 무연한 벌판에
사철 어느 때나 광풍이 불어오네
얕은 산 대낮에도 난데없는 소낙비
낡은 변새 황사장에 문득 뻗치는 무지개
4천 리 격한 땅 하늘처럼 머나 멀고
쌍으로 외톨로 서 있는 장승, 길은 끝이 없어라
한나라가 좋다마는 내 고장이 아니거니
때때로 돌아갈 꿈이 해동으로 향하네[3]

一色平蕪觸處同. 四時無日不狂風. 淺山白日能飛雨. 古塞黃沙忽放虹.
地隔四千天共遠. 堠磨雙集路何窮. 漢家雖美非吾土. 歸夢時時落海東.

---

2   박항이 요동으로 가는 여정 중 쓴 시로 『동문선』에 실려있다.
3   한국고전종합DB인용.

평산 신씨 가문
平山 申氏 家門

장절공(壯節公) 신숭겸(申崇謙)

춘천시 서면 방동리를 가는 길은 춘천의 별칭인 수춘(壽春)을 확인할 수 있는 여정이다. 소양강과 자양강이 합쳐지는 곳이며, 낮은 산과 너른 들판이 넉넉하여 오래 전부터 사람들이 거주하기 좋은 곳임을 확인할 수 있다. 이러한 곳에 한 가문의 시조(始祖) 묘가 있는 것은 지역주민들에게 자긍심을 심어주기 충분하다. 신숭겸 장군 묘역에 들어서서 오래된 노송을 우러러보면 저절로 숙연해진다.

신도비는 김조순(金祖淳)이 짓고 자하 신위(申緯)가 써서 1808년에 세운 비이다. 비문에는 다음과 같이 기록하였다. "춘천부 북쪽에 소양강이 있고 소양강의 북쪽 6~7리쯤에 비방동이 있으니 곧 고려의 대사공신(代死功臣)인 태사 신공의 체백을 봉안한 곳이다. 높다랗게 솟은 봉분 셋이 있는데 세상에서 전해오길 태사가 전사한 때에 그의 머리를 잃은지라 고려 태조가 태사의 얼굴을 금으로 만들고 시체에 합쳐서 장사를 지내면서 혹시 몰래 이를 건드리는 사람이 있을까 두려워한 나머지 봉분을 셋으로 하여 잘 분간할 수 없게 한 것이다. 공의 휘는 숭겸이요 처음 휘는 능산이라 하였으며 그 선대는 백제 욕내군(곡성군)에서 비롯하였는데 사서에는 광해주(춘천) 사람이라 하였다."[4]

---

4   『춘천 정체성 확립을 위한 역사문화 아카이브2』. 378쪽.

1120년 고려 예종이 서경에 행차하여 팔관회가 열렸을 때 공산 전투에서 왕건을 위해 사망한 김락과 신숭겸을 추모하기 위해 지은 노래가 다음과 같다.

悼二將歌[5]

니믈 오ᄋᆞ로솔븐
ᄆᆞᅀᆞᆫ ᄀᆞᆺ하ᄂᆞᆯ 밋곤
넉시 가샤ᄃᆡ
사ᄆᆞ샨 벼슬마ᄯᅩ ᄒᆞ져
ᄇᆞ라며 아리라
그ᄢᅴ 두 功臣여
오라나 고ᄃᆞᆫ
자최ᄂᆞᆫ 나토신뎌

님을 穩全하게 하신ᄆᆞᄯᅩᄒᆞᄇᆞ
마음은 하늘 끝까지 미치니
넋이 가셨으되
삼으신 벼슬은 높구나
바라보면 알리라
그때의 두 功臣이여
오래 되었으나 곧은
자취는 나타나는구나

5 양주동 해석본.

◔ 춘천 서면 방동리 신숭겸의 묘
◔ 춘천 신북면 용산리 신헌의 묘

위당(葳堂) 신헌(申櫶: 1811~1884). 초명 관호(觀浩)

춘천시 신북읍 용산리 저울골(檜洞)을 지나면 안내판도 없이 조선 말 외교관이자 삼도수군통제사·병조판서를 지낸 신헌의 묘가 있다. 위당은 1876년 강화도 조약과 1882년 미국과 수호조약을 체결한 전권대사였다. 조선말 격동의 시기에 역사적 사건을 몸소 지휘한 무인이자 정치가였다. 그러한 업적에도 불구하고 묘소를 안내하는 글조차 없어 안타까움을 금할 수 없다.

신헌의 5대조 신한장(申漢章)은 춘천부사(1708년)를 역임하면서 도포서원을 중건한 인물이며, 신헌의 아들 신정희(申正熙)도 춘천부사(1878년)를 지냈으니 춘천과의 인연은 매우 깊은 가문이라 하겠다. 후손들은 충북 진천과 서울 등에 거주한다.

위당은 무인이었지만 활발한 문예활동을 한 인물이었다. 추사 김정희에게는 서예를, 초의 선사와는 한국 차(茶)를 공유하였으며, 실사구시 사상가로서 개화시기에 〈민보방위론〉과 4대 폐단을 주장한 개혁정치가이기도 하다. 문집으로 『위당집』이 있다. 8년 동안 귀향지에서 많은 詩를 남겼다.

堂山 共賦6首 (전라도 녹도에서 귀향살이 할 때 쓴 한시)

한 짝 뿐인 사립문을 밤중에도 걸지 않고,
세를 내어 머무는 집 세 칸짜리 달팽이 집,
울타리 넘어 돛단배 지나가니 바닷가인 줄 알고,
구름 몰려가는 하늘 저편에는 산이 있겠지.

一扁柴門夜不關. 賃居蝸窠屋三間.
籬邊過帆知瀕海. 天外歸雲覺有山.

16

풍양 조씨 가문
豐壤 趙氏 家門

조안평(趙安平)과 고성 이씨(固城 李氏)

풍양 조씨(豐壤 趙氏)는 경기도 풍양(현 남양주)을 관향으로 하며 고려 때 개국 공신인 조맹(趙孟)이 시조이다.

춘천시 석사동(애막골)에 가면 풍양 조씨 안평(安平)과 그의 모친 고성 이씨묘가 있다. 안평의 부친은 회양공 조신(趙愼)이며, 모친은 행촌 이암(李嵒)의 딸이다. 이암이 청평산에 거주 할 당시 조씨 가문과 춘천의 인연이 시작된 것으로 보인다. 현재 묘역 주변은 춘천시 권역이 확장되면서 아파트 단지로 바뀌어 옛 자취는 온전하지 못하다.

고성 이씨 부인은 일찍이 남편을 여의고 두 아들(안평, 개평)을 훌륭하게 키워 조선 태조 4년, 강원도 최초로 여성으로서 정려(旌閭)를 받은 분이다. 이러한 가문의 영향으로 조선 말 조엄, 조재호, 조현명, 조인영, 조만영 등 유명 인사가 배출된 가문이 되었다.

춘천 석사동 고성 이씨 부인과 풍양 조씨 조안평의 묘

조만영(趙萬永: 1776~1846)과 조인영(趙寅永: 1782~1851)

춘천시 신북면 지내리 뒤편 야산에 가면 조선시대 영의정을 지낸 두 분의 묘소가 있다. 조선 영조시대 통신사로 일본을 다녀온 조엄(趙曮)의 손자들이다.

조만영은 조선 헌종의 외조부이며 신정황후(조대비)의 부친이다. 이조판서 등을 역임하며 풍양 조씨 정권을 만든 인물이다.

조인영은 조만영의 아우로 조선 헌종, 철종조에 영의정을 지냈으며, 1839년 기해사옥을 주도적으로 처리하였다. 교유 인물로서 1817년 추사 김정희와 함께 북한산 신라 진흥왕 순수비를 확인한 인물이기도 하다. 문집으로『운석유고(雲石遺稿)』가 전해지고 있다.

昭陽亭感舊(소양정 옛 감회)

편평한 우두 뜰
아스라한 봉의산
가을 강물 당년의 색이고
관가의 술잔은 종일토록 한가하네
높은 관직 생활 꿈과 같고
푸른 버들 부러워하나
다만 강가에 두조가 있어
물결 따라 오고가네

平鋪牛首野. 縹緲鳳儀山. 秋水當年色. 官樽竟日閒.
夢闌蒼玉佩. 坐羨綠楊灣. 只有磯頭鳥. 烟波自往還.

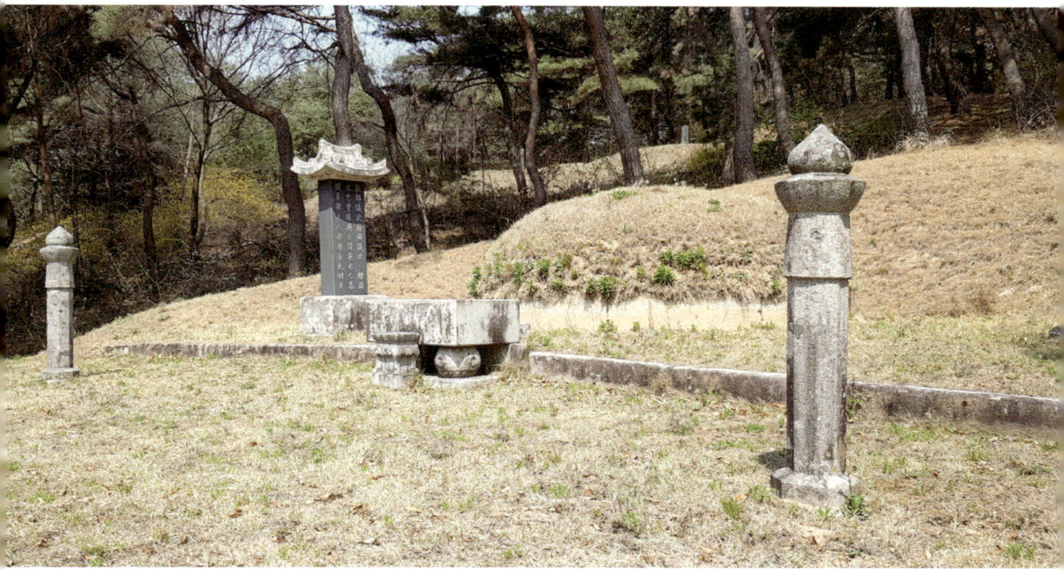

▲ 춘천 신북읍 지내리 조인영의 묘
◀ 춘천 신북읍 지내리 조만영의 묘

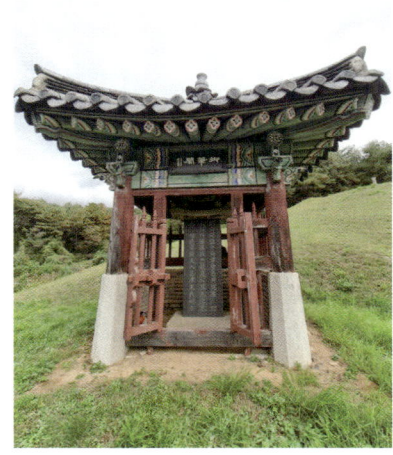

청주 한씨 가문
淸州 韓氏 家門

청주 한씨는 충청도 청주를 본관으로 한다. 『청주한씨세보』에 따르면 마한(馬韓) 9대 원왕(元王)의 세 아들 우평(友平), 우량(友諒), 우성(友誠)이 각각 태원 선우씨(太原 鮮于氏), 청주 한씨(淸州 韓氏), 행주 기씨(幸州 奇氏)가 되었다고 한다. 하지만 선계를 고증할 수 없어, 고려 개국공신 한란(韓蘭)을 시조로 삼는다.

춘천 서면 청주 한씨는 몽계공파로 고려말 두문동(杜門洞) 72현인 중 한명인 몽계공(夢溪公) 한철충(韓哲冲)의 후손들이다. 몽계공은 경남 합천으로 낙향하여 일생을 마쳤다. 그의 4남 한양(韓讓)이 춘천 풍양 조씨 조안평(趙安平)의 맏사위가 되어 춘천 입향조가 되었다고 한다. 청주 한씨 후손들은 주로 서면사무소 뒷산인 장군봉(將軍峰) 주변인 방동리와 금산리에 거주하는데, 조상들의 유택을 지금까지 지키고 있으며 대한민국 제39대 국무총리를 지낸 한승수 씨도 이 가문의 인물이다.

교위공(校尉公) 한양(韓讓)과 충장공 한백록(1550~1592)

한양은 한철충의 4남으로 고려말 풍양 조씨 조안평이 사위가 되어 춘천으로 입향하게 되었다. 이후 기록은 실존하지 않으며 그의 자손들은 조선조에 출사한 것으로 보인다. 충신 한백록은 1550년 서면 방동리에서 출생하여 1580년에 알성시에 급제하였다. 유성 진잠(鎭岑)현감으로 근무 중 임진왜란 발발 1년 전 거제도 지세포 만호로 전근하였다. 1592년 4월 13일 왜적이 쳐들어오자 원균 및 이순신 장군과 함께 1차 출전을 승리로 이끌었고, 그 공으로 부산진 첨사로 승진하였다. 1592년 7월 17일 3차 출전인 한산대첩 이후 경남 남해군 미조항에서 적들을 소탕하다 순국하였다.

조선 영조조에 작성된 『여지도서(興地圖書)』 춘천 인물 편에 충장공을 "충신 한백록은 숭정 임진년에 부산 첨사가 되었다. 패잔한 병사 수 천명을 이끌고 3번 출전하여 3번 이긴 후에 마침내는 전장에서 전사하였다. 금상(今上) 임신년에 충신 정문을 내렸다"라고 기록하였다. 이로 인하여 춘천에서 유일한 충신 가문으로 정표된 집안이 되었다. 충장공 한백록의 외아들 한우천(韓佑天)은 과거 합격 후 광해군 때 형난공신록(亨難功臣錄)에 올랐다. 청주 한씨 가문에는 『몽계공 실기』・『충장공 실기』및 증직 교지가 전해지고 있다.

『신증동국여지승람』 정선편에
양광도 안찰사 한철충이 정선(旌善)에서 쓴 한시

벼랑을 따라 보일 듯 말 듯 가느다란 길 있으니
옛 읍은 산을 의지하였는데 산은 성을 이루었네
척박한 돌 밭에 눈은 일찍 내리고
기구한 소나무 산등은 구름 속에 가로 놓였네
조금 숨어서 살고자 하니 참된 묘책은 없고
벼슬을 쉬겠노라 하니 진정이 아닌 것 같네
요사이 며칠 동안 관아의 공무가 적으니
주렴을 내리고 높이 누우니 상쾌한 기운이 있네

綠崖隱見有微行. 古邑依山山作城. 磽确石田迎雪早. 崎嶇松嶝入雲橫.
欲成小隱眞無策. 縱設休官似不情. 數日郡齋公事少. 下簾高臥有餘淸.

『조선왕조실록』 선조 25년인 1592년 8월 24일, 비변사는 한산도 대첩에 대한 상을 논했는데 다음과 같다.

비변사가 아뢰기를, "경상 수사(慶尙水使) 원균(元均)의 승첩을 알리는 계본(啓本)은 바로 얼마 전 이순신(李舜臣)이 한산도(閑山島) 등에서 승리한 것과 한때의 일입니다. 싸움에 임해서는 수종(首從)이 있고 공에는 대소가 있는 것이어서 그 사이에 차등이 있기 마련입니다. 그러나 이곳에서는 확실히 알기가 어려운 일입니다. 적을 벤 것으로써 대략을 논하면, 힘을 다하여 혈전했음에는 의심이 없습니다. 다시 1등에 참여된 이는 마땅히 별도로 포상을 하여야 할 듯합니다. 첨사(僉使) 김승룡(金勝龍), 현령(縣令) 기효근(奇孝謹)은 특별히 당상(堂上)에 올리고, 현감(縣監) 김준계(金遵階)는 3품으로 승서(陞敍)하고, 주부(主簿) 원전(元㙉)은 5품으로 승서하고, 우치적(禹致績) 등 4인은 6품으로 승서하고, 이효가(李孝可) 등 13인은 공에 맞는 관직을 제수하소서. 만호(萬戶) 한백록(韓百祿)은 전후 공이 가장 많은데 탄환을 맞은 뒤에도 나아가 싸우다가 싸움이 끝나고 오래지 아니하여 끝내 죽음에 이르렀습니다. 극히 슬프고 애처로운 일이니, 또한 당상(堂上)으로 추증하소서."[6]

임진왜란이 끝나고 충장(忠壯)이라는 시호를 받은 인물은 권율, 신립, 김덕령, 정발, 정운장군 등이 있다.

---

6   『선조실록』 29권, 선조 25년 8월 24일 辛亥 2번째기사 "備邊司啓曰

教旨
折衝將軍行釜
山鎭兵馬僉節
制使韓百祿贈
嘉善大夫兵曹叅
判無同知義禁府
事者
崇禎元年十一月 日

◔ 충장공 한백록의 교지
◑ 충장공 한백록 충신 정려문
◒ 춘천 서면 금산리 한백록의 묘

광산 김씨 가문
光山 金氏 家門

　광산 김씨(光山 金氏)는 광주광역시 및 전라남도 담양군 대전면을 관향으로 하는 가문이다.

　김길(金吉)이 고려의 개국공신이 되어 삼중대광(三重大匡)에 오르자 김길의 조부인 김흥광(金興光)은 광산부원군(光山府院君)에 봉해졌다고 한다. 이후 조부의 작호(爵號)이자 세거지(世居地)인 전라도 광주시 광산(光山)을 본관(本貫)으로 삼아 세계(世系)를 이어 왔다.

　춘천의 광산 김씨는 양간공(良簡公) 련(璉)과 판군기감사공파

춘천 칠전동 김정의 묘

광성군(光城君) 정(鼎)의 후손들이다. 김정은 고려후기의 문신으로 1367년에 양광도(楊廣道)와 전라도 찰방을 지냈는데, 그때의 공로로 추성보리공신 중대광(推聖輔理功臣重大匡) 광성군(光城君)에 책봉되었다. 춘천시 칠전동에 묘와 사당이 있다. 사당의 당호는 모술재(慕述齋)로 광성군 재실이다. 기록에 광성군의 산소는 실전되었다가 후손 김화택(和澤)이 춘천부사(1768~1769)로 있을 때 묘소를 다시 찾아 수호하였다고 전한다.

김수(金洙)

김수(金洙)의 묘는 서면 월송리 수정마을에 있다. 김수는 칠전동 광성군 김정의 현손이며 병조참판 김달손(金達孫)의 아들이다. 처음의 묘소는 양평군 양서면 부용리에 있었으나 그의 5세손인 난곡(蘭谷) 김선일(金善一)이 임진왜란을 피해 낙향했던 서면 월송리로 옮겼다고 한다. 묘역에 보존되어 있는 옛 묘비는 멋스러움이 춘천에서는 보기 드문 형태이다. 그의 후손들이 서면과 춘천 인근에 거주하고 있다.

춘천 서면 월송리 김수의 묘비

◐ 춘천 서면 월송리 김수의 묘
◓ 춘천 칠전동 김정의 사당

2부

조선 전기(1600년 이전) 입향 가문

연일 정씨

경주 이씨

선산 김씨

수성 최씨

초계 정씨

청산 정씨

은진 송씨

삭녕 최씨

강릉 유씨

평해 황씨

영암 박씨

광주 정씨

연일 정씨 가문

延日 鄭氏 家門

　　연일 정씨(延日 鄭氏)는 경상도 포항시 남구 오천읍을 관향으로 하는 가문이다. 옛 지명에 따라 오천 정씨(烏川 鄭氏)라고도 한다. 『삼국사기(三國史記)』에 사로(斯盧) 취산진지촌(觜山珍支村)의 촌장(村長) 지백호(智伯虎)가 32년(유리이사금 9) 정씨(鄭氏) 성을 하사받았다고 한다.

　　연일 정씨의 시조인 정종은(鄭宗殷)은 신라 때 간의대부(諫議大夫)를 지냈다고 하며 정종은(鄭宗殷)의 후손 정의경(鄭宜卿)이 영일호장(迎日戶長)을 지내고 영일현백(迎日縣伯)에 봉해졌으므로 그 후손들이 본관을 영일(迎日)로 하였다고 한다.

　　춘천 신북읍 용산리에 거주하는 연일 정씨는 고려 의종 때 중신으로 추밀원지주사(樞密院知奏事)를 지낸 정습명(鄭襲明)을 1세조로 하는 지주사공파(知奏事公派)후 문충공파 포은(圃隱) 정몽주(鄭夢周)의 후손이다. 포은의 차남 사예공(司藝公: 정종본)의 손주인 정원(鄭源)이 입향조이며 그의 제단이 용산리 재실 뒤편 연일 정씨 묘역에 있다.

　　내금위(內禁衛) 정자번(鄭自蕃)과 사과(司果) 정자방(鄭自芳) 형제의 효행(孝行)을 선조실록에 다음과 같이 기록하였다.

　　선조 32년 기해(1599) 5월 14일(신유). 강원 감사 기자헌(奇自獻)
전 내금위 정자번과 전 사과 정자방 형제를 정표하여 인심을 격려해야

춘천 신북읍 용산리 연일정씨 사당과 정효각

함을 아뢰길 "춘천 사는 전 내금위 정자번과 전 사과 정자방 형제는 곧 문충공(文忠公) 정몽주의 6대손입니다. 본디 근후한 인물로서 일찍부터 자수(自修)하는 도리를 닦고 양친을 시봉하면서 힘써 어버이의 마음과 뜻을 봉양하였으며 부드러운 낯빛으로 어기는 일이 없이 승순(承順)하 였습니다. 50세가 넘어 먼저 부친의 상을 당하자 염습과 빈소 등 장례 절차를 한결같이 예절에 따라 했는데 슬픔을 가누지 못하여 기절하였다 가 깨어나곤 했습니다. 장례를 치를 때쯤 큰비가 연일 퍼부어 언덕과 계 곡을 분간 못할 정도가 되었는데, 두 형제가 하늘을 부르짖으며 못 견디 게 슬퍼하자 구름이 걷히고 비가 멈추더니 하늘이 갑자기 개어 이에 발 인할 수 있었습니다. 그랬는데 반혼(返魂)하고 나자 비가 다시 내려 며 칠간 개지 않았으므로 향리 사람들이 경탄하며 효성의 결과라고 하였습 니다. 죽을 마시고 시묘하면서 한번도 집에 가지 않았는가 하면 대낮에 는 묘소에 가 곡하며 애통해 하였고, 상복을 벗지 않은 채로 상을 마쳤 습니다. 탈상한 지 1년 뒤 또 모친상을 당하자 모든 예제(禮制)를 한결

같이 처음 상사 때와 똑같이 하였습니다.

　일찍이 석물을 갖춰 세우고자 했지만 가난하여 마련하지 못하고 있던 차에 갑자기 묘 앞의 산기슭이 저절로 갈라지더니 수정 두세 말이 그 속에서 나오는 바람에 그것을 캐어다가 옥 장수에게 팔아 그 돈으로 목면 30여 필을 얻어 즉시 석물을 장만해서 마침내 소원을 이루니, 사람들이 더욱 감탄하며 기이하게 여겼습니다. 탈상 뒤에 크고 작은 상제(喪制)를 마음을 다해 행하였는데 난리 뒤에도 초하루와 보름 및 명절에는 예전 못지 않게 제물을 차리며 원근에 출입할 때는 반드시 사당에 고하였습니다. 이들은 부모에게 효도하는 데만 진력했을 뿐 아니라 형제 간에 우애가 더욱 도타와 배 한 조각 좁쌀 한 말이라도 서로 돕지 않은 적이 없었습니다. 이와 같은 사람은 우선적으로 정표(旌表)하여 인심을 격려시켜야 하겠습니다."[7]

　포은 정몽주 선생의 절의와 후손들의 효행이 춘천 연일 정씨 가문의 정신이라 하겠다.

7　고전번역원 DB.『태백산사고본』70책 113권 9장 B면.

◐ 춘천 용산리 정자번의 묘
◐ 춘천 용산리 정자방의 묘

경주 이씨 가문
慶州 李氏 家門

경상북도 경주시를 본관으로 한다. 한국의 성씨 중 가장 오래된 성씨 중 하나로서 신라 6성에 속한다. 시조는 신라(新羅) 6부(六部) 중 알천 양산촌(閼川楊山村)의 촌장인 표암공(瓢巖公)이 알평(謁平)이다.

지퇴당(知退堂) 이정형(李廷馨: 1549~1607)

이정형은 홍문관 부제학·예조 참판, 강원도 관찰사를 지냈으며 자는 덕훈(德薰), 호는 지퇴당이다. 춘천 신북읍 천전리로 이거한 경주 이씨 입향조이다. 그의 문집『지퇴당집』년보(年譜)에 따르면 1597년 춘천 천전촌(泉田村)에 이주하여 1600년까지 약 3년간 거주한 것으로 되어 있으며, 1572년 공의 나이 24세 때 "처음으로 춘천부 천전을 왕래하였다"고 한 기록이 있다. 또한 1595년 그의 아들 이표(李漂)에게 지어준 「시표월춘장(示漂赴春莊)」의 글을 통해서도 이전부터 춘천과 연고가 있음을 알 수 있다. 1597년 정유재란이 일어난 해에 모친상을 당하여 왜적의 침탈을 걱정하여 온 가족을 데리고 춘천으로 피난을 왔다. 이후 춘천지역 문인들에게 문한(文翰)을 전한 최초의 가문이 되었다. 강원도 최초의 사액서원인 문암서원(文巖書院)에 배향되었고 천전리에 사당이 있다. 지금까지 그 후손들이 신북읍 천전리와 용산리에 거주하고 있으며 저서로는『동각잡기』·『수춘잡기』 등이 있다.

◔ 춘천 신북읍 천전리 지퇴당 이정형의 사당

◓ 춘천 신북읍 천전리 샘밭성당, 성당 뒤편 지퇴당 이정형의 사당

경기도 포천 광암(세례명: 요한) 이벽의 진묘 터, 현재는 경기도 광주 천진암에 있다

광암(曠巖) 이벽(李檗: 1754~1785, 세례명 요한)

지퇴당 이정형의 6대손으로 우리나라 최초 카톨릭 신자이며 정약전, 정약용, 이승훈 등과 함께 천주학과 서양학문 강습회(1777)를 열었다. 1771년 당시 춘천의 유학자인 연정 최좌해(崔左海: 수성최씨)의 『연정유사(淵正有事)』에 다음과 같이 기록하였다. "1771년 이해에 낙하 이벽이 찾아와 보았는데 나이 19세에 작은 명성이 있었다. 선생(최좌해)과 말을 하고 물러났을 때 선생이 말하길 이 사람은 총명하고 기를 숭상하며 끝내는 반드시 훌륭한 일을 할 만한 뜻이 있다"고 하였다. 이 글을 통하여 이벽은 정약전 등과 함께 앞서서 춘천의 유생들과 천주학(天主學) 및 서양 문물을 논의한 것으로 보인다. 이벽의 아들과 손자의 묘가 신북읍 유포리에 있는 것을 경주 이씨 족보에서 볼 수 있다. 정약용의 큰 형 정약현의 큰 아들 정학순(丁學

淳)은 천전리에 거주한 경주 이씨와 결혼하였으며, 정약용의 손주 정대림(丁大林)은 신북 지내리에 거주하는 수성 최씨와 결혼하였다.

신북읍 천전리에 가면 천전리 카톨릭 성당이 있다. 설립 년도와 배경을 살펴보니 이벽의 후손들과는 무관하나, 의미 있는 인연이 있는 듯하다. 성당 뒤편 언덕에는 이정형의 사당이 있어 성당을 내려보고 있다.

증춘천유생(贈春川儒生)[8]

푸른 옷 입은 유생들에게 크게 사례하노니
눈 속에 술가지고 내 집 문 두드렸다네
기문의 한 줄기 맥 마음이 서로 통하고
세잔 술에 한 껏 취하여 의기를 기울이네
춘천은 본래 낙토라 일컬어져 왔고
산천 영험하니 빼어난 인재들 모여드는 것 당연하네
후생들은 노력에 천작을 닦아
고을의 높은 선생 박찬성의 뒤를 있기를

多謝靑衿諸士子. 雪中持酒款柴荊.
斯文一脈心肝照. 取醉三盃意氣傾.
春府自來稱樂土. 地靈應是鍾人英.
後生努力修天爵. 繼躅鄕先朴贊成.[9]

8   이정형의 시.
9   정용건, 「知退堂 李廷馨의 春川에서의 문한 활동과 그 추숭 양상- 文巖書院 배향의 동인과 관련하여」, 2022. 『어문논집』.

선산 김씨 가문
善山 金氏 家門

선산 김씨(善山 金氏)는 경상북도 구미시 선산읍을 본관으로 하며, 선산의 옛 이름이 일선이어서 일선 김씨(一善 金氏) 라고도 불리운다. 신라 대보공 김알지의 후예로 고려 삼중대광 문하시중(三重大匡 門下侍中)인 선주백(善州伯) 김선궁(金宣弓)이 시조이다.

산산 김씨의 춘천 낙향조는 김천수(金天授)이다. 그는 충절공 농암(農巖) 김주(金澍)의 6세손으로 문과 급제 후 호조 참의를 역임한 다음 만년에 춘천의 우두동에 은거하며 유유자적한 삶을 살다가 사후에 퇴계동에 묻힌 인물이다. 이후 천수의 후손들은 춘천에 거주하면서 가문의 종중 임야(우두동 충렬탑)인 우두산에 춘수재를 짓고 매년 10월 제향을 올리고 있다. 특히 김주의 10세손으로 서면 신매리 도포서원에 배향된 김경직(金敬直)과 춘천부사(1784~1786)를 지낸 김낙수(金樂洙), 조선 말 춘천 인문지리지 『수춘지(壽春誌)』를 저술한 김영하(金泳河)가 있다. 이 가문은 춘천 전 지역에 후손들이 거주하며 번창한 가문 중에 으뜸이라 하겠다.

우정(憂亭) 김경직(金敬直: 1569~1634)

김경직은 1590년 진사시에 합격 후 천전리에 거주하던 지퇴당 이정형과 만나 학문적 교류를 하였다. 그의 영향으로 1610년 문과에 급제하여 중앙 관료로 진출하여 청음 김상헌과 교우하였다. 광해군의 난정으로 벼슬을 버리고 고향 춘천으로 돌아와 은거 생활을 하였으며, 이때 춘천 홍료도로 귀향 온 상촌 신흠과 교류하였다. 1623년 인조반정이 일어나 다시 조정에 진출하여 병조좌랑과 영천군수를 지냈다.

『병와가곡집』중, 상촌(象村) 신흠(申欽)의 시조

山村(산촌)에 눈이 오니 돌길이 뭇쳐셰라
柴扉(시비)를 여지마라 날 차즈리 뉘 이스리
밤즁만 一片明月(일편명월)이 긔 벗인가 하노라

우정(憂亭) 김경직의 한시(상촌 신흠과 이별을 하면서)

이별의 자리 물가에서 열렸으니
돌아가는 배, 이 정자에 매어 두었네
사문(斯文)을 후학에게 열어 주었으니
오도(吾道)가 선생에게 의지하고 있네
물가의 풀에 신록이 물들었고
바위 소나무는 겨울철의 푸르름을 간직하고 있네
아득히 흐르는 소양강의 물
이를 보면 내 마음의 깊이 알 수 있을 것이네

餞席臨流設. 歸舟繫此亭. 斯文開後學. 吾道仗先生.
汀草抽新綠. 巖松保晚靑. 昭陽江水闊. 看取淺深情.

◉ 춘천 퇴계동(국사봉) 김천수의 묘
◉ 춘천 우두동 선산 김씨 사당

有明朝鮮　贈都承旨行兵
曹正郎善山金公敬直之墓
贈淑夫人水原崔氏祔左

◐ 춘천 동면 지내리 김경직의 묘비
▽ 춘천 동면 지내리 김경직의 묘

수성 최씨 가문
隋城 崔氏 家門

　　수성 최씨는 경기도 수원을 본관으로 한다. 시조인 최영규(崔永奎)는 본래 구 안동 김씨인 신라 경순왕의 김부(金傅)의 13세손으로 영규의 6대조인 이청(利請)이 본관을 안동으로 옮겼다. 영규는 1261년(고려 원종 2) 문과에 급제하여 남조전서(南曹典書)에 재직하면서 보문각대경(寶文閣大卿)을 겸직하였고, 서경(西京)의 학도(學徒)들을 맡아 가르쳤다. 충렬왕 때 수원(水原) 일대의 풍속이 퇴폐한 것을 왕이 개탄하여 그가 자청하여 호장(戶長)으로서 효도로 인도하고 의리로 설복하니 1년이 못 되어 크게 변했다. 이에 1302년(충렬왕 28) 충렬왕은 그를 수성백(隋城伯)에 봉하고 그에게 최(崔)씨 성을 하사하여 본관을 수성(隋城)이라 하였다.

　　춘천으로 낙향한 형제 중 월농공 세홍은 서면 월송리에 회석공 세웅은 신북 용산리에, 첨악공 세룡은 서면 서상리에 묘가 있다. 그 후손들의 문예활동에는 문암서원 건립 최인원(崔仁元), 춘천향교 중건 최충원(崔忠元), 『춘주지』발간 최홍기(崔弘耆)[10], 올미 숲 설립 최설(崔渫)·최도(崔渡) 등으로 조선 중기 춘천문화를 선도한 가문이다.

10　　엄황의 『춘주지』와 청음 김상헌의 「청평록」에 그의 이름이 있다.

『구일전(九逸傳)』과 연정(淵正) 최좌해(崔左海: 1738~1799)

『구일전(九逸傳)』은 수성 최씨 춘천 문중에서 은일 행적을 보인 9명(최윤명, 최숭한, 최세광, 최세홍, 최세웅, 최세룡, 최설, 최도, 최급)의 행적을 기록한 책이다. 기록을 살펴보면 수성 최씨 시조 최영규의 8세손인 시은(市隱) 최숭한(崔崇漢: 1480~1574)이 임종 시 아들 4형제에게 유언하길 "서울에 살지 말고, 잡되게 사귀

연정 최자해 초상화 (저자 제공)

지 말고, 일가와 소원하지 말고, 더러운 행동을 하지 말라"는 유언에 따라 형제들은 춘천으로 낙향하여 서면 서상리, 월송리, 신북 용산리 등에서 거주하며 은일자로서 생을 마감한 내용과 그 후손들의 은일 행적을 볼 수가 있다. 조선 중기 춘천의 문학과 문예활동을 연구하는 데 소중한 자료이다.

연정 최좌해는 김영하가 쓴 『수춘지』 문예 편에 "최좌해는 호는 내암(乃庵), 다른 호는 산당(山堂)이다. 수성인이다. 사람들이 문해(文海)라 이르며 책 보따리를 지고 따르는 자가 많았다. 초당에 다 수용하지 못하여 해마다 증축하였다. 왕통(王通)의 문장, 최호(崔浩)의 재능으로 시서와 경전을 다시 주석하고 토씨를 달았다. 최좌해는 공자(孔子)로, 제자인 이헌문은 안자(顔子)로, 박수중은 증자(曾子)라 칭하기에 이르렀다. 또 사시(私諡)로 연정(淵正)이라는 호가 있다"고 기록하였다. 초상화가 전해지고 있으며 당대 최고의 화가인 이명기(李命基)와 김홍도(金弘道)가 그렸다. 저서로는 『연정선생 유사』, 『연정유고』 등이 있다.

최홍기(崔弘耆: 1588~1667)의 회고시

늙어갈수록 심사가 더욱 불평하여
손으로 용천검을 갈면서 크게 소리 내고
천산에 나뭇잎 떨어지니 때는 장차 늙어지니
푸른 바다에 물결 일어 꿈은 자주 놀래네
소매 속에 경륜은 빈 이론으로 변하고
가슴속 고금의 역사는 부질없이 분명하네
알지 못하겠네, 강태공이 매를 날리던 날을
두 귀밑에 서리 내린 머리가 몇 개나 났는가

老去心懷自不平. 手磨龍釰大聲鳴.
天山木落時將晚. 青海波興夢每驚.
袖裡經綸空理化. 胸中今古譚分明.
未知尚父鷹揚日. 兩鬢霜毛幾個性

최좌해의 도(道)를 읊은 한시

형기와 변화는 발과 눈에 모두 이르니
도(道)는 정밀함과 거친 것이 없으며
이치는 작고 큰 것이 없네
시골 이야기와 들판의 노래에도 지긋한 이치가 아닌 것이 없으며
천지만물이 우리의 스승이 아닌 것이 없다네

形氣興化. 足目俱到.
道無精粗. 理無小大.
村談野謳. 莫非至理.
天地萬物. 莫非我師.

◐ 춘천 남산면 어유포리 연정 최좌해의 묘
▶ 춘천 신북읍 용산리 최홍기의 묘
▶ 춘천 서면 월송리 최인원의 묘

초계 정씨 가문

草溪 鄭氏 家門

초계 정씨(草溪 鄭氏)는 경상남도 합천군 초계면을 본관으로 하는 성씨이다. 시조 정배걸(鄭倍傑)은 고려 문종조에 예부상서(禮部尚書)·중추원사(中樞院使)를 역임하였다.

춘천 낙향조는 정예남(鄭禮男)으로, 조선 선조 때 임진왜란 호종공신(扈從功臣)으로 공조 참의에 증직되었던 인물이다. 부인은 청산(靑山) 정씨이다. 동면 장학1리에 묘소와 재실인 호성사(扈聖祠)가 있다. 천호장공파 정행부(鄭幸夫)의 후손 중 호의공 정예남(鄭禮男)의 후손들이다. 춘천시 우두동, 신북 지내리, 남산면 방곡리, 행촌리 등에 거주하고 있다. 번성한 가문에 비해 전해오는 문집이 없어 아쉬움이 많은 가문이다.

정인회(鄭寅會: 1868~1902)

1895년 을미사변과 단발령이 잇따라 발발하자 1896년 1월 18일 춘천부 춘천군에서 대한제국군 진위대 춘천분견대의 초관(哨官)이었던 성익현과 상인 박현성(朴玄成)을 필두로 포군 400여 명과 함께 의병을 일으켰다. 이후 춘천관찰부를 습격하여 의병의 본영으로 삼았다. 그리고 전임 춘천부유수(春川府留守) 민두호(閔斗鎬: 1829~1902)의 생사당(生祠堂)을 불태우고, 민두호의 장남 민영준(閔泳駿: 1852~1935)이 살던 사저에 난입하여 집기를 불태웠다. 그리고 춘천군 출신의 명망 높은 유학자 이소응을 의병대장으로 추대한 뒤

🔺 춘천 장학리 초계 정씨 사당

춘천군 백성들에게 통문을 발송하는 한편, 강원도 각지에도 격문을
발송하였다. 그러나 얼마 후 관군의 반격으로 의진이 해체되었을 때
체포되어 한성부로 끌려가 모진 고문을 받았고, 풀려난 후 자택에 은
거했으나 고문의 후유증을 이기지 못하고 1902년 1월 1일에 강원도
춘천군에서 사망했다. 유해는 강원도 춘천군 북내일작면 우두리에
안장되었다. 2010년 8월 15일 광복절에 대한민국 정부로부터 독립운
동 공적을 인정받아 건국훈장 애족장이 추서되었다. 2011년 5월 31
일 배우자 광산 김씨의 유해와 함께 국립대전현충원 독립유공자 4묘
역에 이장되었다.

청산 정씨 가문
靑山 鄭氏 家門

　　청산 정씨(靑山 鄭氏)의 시조 정금강(鄭錦綱)은 고려 말에 문하
시중(門下侍中)을 지내고, 조선 개국공신으로 보국숭록대부(輔國崇
祿大夫) 의정부(議政府) 좌의정(左議政)에 이르렀으며, 청산부원군
(靑山府院君)에 봉해져 본관을 청산(靑山)으로 하였다고 한다. 3세손
정운결(鄭雲潔)이 문종 때 문과에 합격하여 사헌부대사헌(司憲府大
司憲)을 지내면서 연산군(燕山君)에게 직간(直諫)하다가 종성부교수
(鍾城府敎授)로 좌천되어 그곳에서 죽어서 그를 1세조로 하고 본관
도 이때부터 청산이라 하였다. 본관 청산은 본래 신라 굴산현이었으

춘천 남면 후동리 정희안의 묘

나 고려 태조 23년에 청산현으로 개칭하여 상주(尙州)에 속하게 되었으며, 1414년 황간현과 합하여 황천현, 1895년 지방제도 개정으로 인하여 청산군으로 승격하였다가 1914년 군·면 통폐합으로 충청북도 옥천군(沃川郡)에 편입되었다.

낭천(화천)현감을 지낸 대사헌공파(정운결: 부인 영암 박씨)의 아들 문효공 정희한(鄭希漢: 부인 연일 정씨)으로부터 춘천지역에 터를 정하고 세거하였다. 정희한의 아들 장무공(정필, 부인 해평 윤씨), 원성공(정익, 부인 선산 김씨)의 후손들이 번창하여 분파하였고 남산면, 서면, 퇴계동 등에 거주하고 있다.

정광형(鄭光衡: 1717~1779)의 효자문

남산면 방곡리 송곡대학 정문을 들어가기 전 우측에 효자문이 있다. 정광형의 효자문 현판은 한국전쟁 시 중공군이 마을에 들어와 효자 정려문을 허물어 땔감으로 쓰려고 하는 것을 후손인 수성 최씨 부인이 빼앗아 창고에 감추어서 지금까지 현판이 존치한다고 한다. 효자 정광형은 부친 정창한(鄭昌漢)이 창질의 병을 만나 북한강으로 나가 쏘가리를 구하여 병을 낫게 하였고, 또 큰 종기가 나서 의원의 말에 뱀의 기름이 특효가 있다하니, 추운 겨울에 산중에서 뱀을 얻어 학질을 고쳤다고 한다. 모친이 병이 생겨 의원이 인육을 사용한다는 말을 듣고 자기의 살을 몰래 베어서 음식으로 드시게 하여 병을 낫게 해서, 순조 16년 8월 26일에 효자 정문이 내려왔다.

○ 정광형 효자 정려문 현판
○ 춘천 남산면 방곡리 정광형의 효자문

진천 송씨 가문
鎭川 宋氏 家門

진천 송씨는 충청북도 진천군을 본관으로 하며 시조 송순공(宋舜恭)이 신라 헌강왕 때 대아찬(大阿湌)을 지냈다고 한다. 그 후 16세(世) 340년간 세계가 실전되어 알 수 없어 고려시대 평장사(平章事)를 지낸 송인(宋仁)을 1세조로 하고 있다. 송인은 관직이 찬화공신(贊化功臣) 삼중대광(三重大匡)에 이르렀으며 진천백(鎭川伯)에 봉해졌다고 한다.

송의(宋檥: 1559~?)

사북면 송암리에 가면 인람리와 가일리로 가는 삼거리가 있다. 우측으로 가다 가일리 고개를 들어서기 전 좌측 언덕에(송암리 산93) 송의의 묘역과 신도비가 있다. 송의는 어려서부터 큰 뜻을 지녀, 문예로 이름이 있었음에도 문(文)을 버리고 무(武)를 택하여 병조의 정랑과 좌랑, 사헌부 감찰 등을 역임하고, 외직으로는 결성·울진·개천 군수를 역임하였다. 임진왜란이 일어나 선조가 의주로 피난 시 청천강에 이르렀으나, 배는 강 건너편에 있어 뱃사공이 왜구가 두려워 배를 대려들지 않았다. 개천군수로 재직 중이던 송의가 분연히 강을 헤엄쳐 건너가 사공의 목을 베고는 배를 구해왔다고 한다. 이 공으로 원종공신 1등에 녹선되고 충무위(忠武衛)에 봉해졌다. 선조가 벼슬을 높여주려 했으나 사양하고 대신 부친에게 벼슬을 내려 달라고 청하니, 임금이 윤허하여 부친을 특별히 병조참판에 증직했다고 한다. 퇴직한 뒤 춘천부 서면 월송리로 낙향하여 지내다가 별세하였다.

강릉 유씨 가문

江陵 劉氏 家門

　　강릉 유씨(江陵 劉氏)는 강원도 강릉시를 본관으로 한다. 시조
는 유창(劉敞)이다. 1371년(고려 공민왕 20) 문과에 급제하여 성균
좨주(成均祭酒) 등을 역임하고, 조선 개국공신에 책록되어 지금의
강릉 옥계면인 옥천부원군(玉川府院君)에 봉해진 인물이다. 기록상
으로는 중국 송나라 병부상서 유전(劉筌)이 1082년 고려국 경상도
영일군에 정착한 후 유(劉)씨 성을 가진 모든 후손의 조상이 되었다
고 한다.

　　춘천 서면 현암리에 거주하는 강릉 유씨 가문은 문희공 유창의
후손 중 좌랑공파 유계주(劉繼周) 후손이다. 조선 전기에 해주판관을
지낸 손주 유익건(劉益乾)이 춘천 서면 현암리로 낙향하여 입향조가
되었다. 묘역은 서면 방동리에 있다.

유익건(劉益乾), 유광국(劉光國)

　　김영하의 『수춘지』에 따르면 유익건은 강릉 사람으로, 경기도
광주(廣州)에서 와서 춘천 서면 현암리에 정착하였다고 한다. 그의
증손 유광국이 안동 도산서원의 향약(鄕約) 절목을 참고하여 춘천 최
초의 향약을 창설하였고, 그의 아들 유육생(劉育生)은 효행으로 정려
되었는데 지퇴당 이정형의 『동각잡기』 및 이긍익의 『연려실기술』에
그의 효행이 언급되어 있다. "춘천부에 사는 유육생은 효심이 지극하
여 어머니의 나이가 거의 90세인데, 항상 변기를 시중들되 조금도 권

태로운 기색이 없으며, 또 추위, 더위를 가리지 않고 몸소 고기를 잡고 사냥하여 맛있는 음식을 만들어 반드시 어머니에게 드리고 사계절마다 마을 사람과 친족들에게 잔치를 베풀어 어머니 마음을 기쁘게 하였다"고 기록되어 있다. 오늘날 유육생의 정려각은 보존되지 않아 애석한 마음이다. 후손들의 관심을 기대해 본다.

🔺 춘천 서면 방동리 유익건의 묘
🔻 춘천 서면 방동리 유광국의 묘

평해 황씨 가문
平海 黃氏 家門

　　평해 황씨(平海 黃氏)는 경상북도 울진군 평해읍을 본관으로 하는 성씨이다. 시조는 고려 때 금오장군(金吾將軍) 태자검교(太子檢校)를 역임한 황온인(黃溫仁)을 1세조로 하여 세계를 이어오고 있다. 전설에 도시조 황락(黃洛)은 후한(後漢) 광무제(光武帝) 건무(建武) 4년(28년) 무자(戊子)년에 대장군(大將軍) 강하후(江夏侯)로 봉해졌다. 이후, 한나라 때 베트남에 사신으로 배를 타고 가다가 풍랑으로 표류하여 당시 신라 땅인 경상북도 울진군 평해에 이르렀고 이후 귀화하여 정착했다고 한다. 황락의 일생에 대한 자세한 기록은 울진군 기성면 척산3리에 위치한 문절공황서신도비명(文節公黃瑞神道碑名)에 기록되어 있다.

　　춘천의 평해 황씨는 조선 개국공신 양무공(襄武公) 황희석(黃希碩)의 후손으로 예조참의를 지낸 참의공과 황곤(黃坤)의 후손들이다. 양양공파·강릉공파·진해공파로 분파되어 춘천시 서면 월송리에 세거한 가문이며, 그의 묘와 사당이 월송리에 있다. 가문 묘역의 석물들은 15세기에서 16세기 춘천지역의 묘비, 석물의 양식을 볼 수 있는 귀한 자료이다.

　　황윤석(黃胤錫: 1729~1791)은 『이재난고(頤齋亂藁)』에 기록하기를, 참의 부군(황곤)이 강원감리사(江原監理使)가 되어 춘천부 원창고개(原昌峴)에 도착했고, 그때 서북쪽을 바라보니 화악산 동남쪽 산록의 형세가 매우 기이하다고 여겨, 3일을 머물면서 말하기를 "저

속에는 반드시 장사 지낼 만한 곳이 있을 것이다" 하고 말을 달려 이르러서 찾아보니 평산 신씨 조상 장절공 신숭겸의 묘소였다. 이에 황곤은 "여기에는 반드시 자웅(雌雄) 2개의 혈이 있을 것이다"라고 말하며 땅을 정해 장사를 지내라고 했다. 그곳이 사라(沙羅), 현재 서면 방동리다.

진해공(鎭海公)은 서울에서 춘천부 서상면 향천리로 왔는데, 처음에 입안(立案)에 터를 잡고 살면서 개간하고 내를 막아서 관개한 뒤 진해보(鎭海保)라 불렀다.

황윤형(黃允亨)은 세조 14년 춘당대시에 급제하여 강릉부사를 지냈으며 성현(成俔)의 『허백당집』에 1486년(성종 17)에 제용감정(濟用監正) 황윤형의 명농정(明農亭)에 대한 기문이 있다. 황윤형이 제용감정이 되었기 때문에 성 뒤에 직함을 붙여 황정(黃正)이라고 호칭한 것이다. 『성종실록(成宗實錄)』을 상고해 보면, 황윤형은 예조좌랑(禮曹佐郞), 온양 군수(溫陽郡守) 등을 역임하고 1486년에 제용감정이 되었다가 이듬해 7월에 제용감정에서 체직되는데 나중에 다시 강릉 도호부사(江陵都護府使)가 된다. 명농(明農)이라는 말은 『서경』에서 유래하였는데, 표면적으로는 농사에 힘쓰겠다는 뜻이지만 관직에서 물러나 은거하겠다는 속뜻을 담고 있다. 성현은 이 글에서 황윤형이 은거하려고 해도 조정에서 버려두지 않을 것이라 칭송하고, 명농정에 담긴 속뜻은 충효를 온전히 하기 위한 것이라고 하였다. 그리고 말미에 칠언율시 2수를 덧붙여 흥취를 더하였는데, 아름다운 풍광을 자랑하는 명농정에 내려가고 싶어도 관직에 매여 있어 마음대로 안 된다는 내용과 관리로서의 능력과 풍류를 노래하여 후일의 기념으로 삼자는 내용을 읊고 있다.

황윤형의 본관은 평해(平海)이고 부친은 황곤(黃坤)이며 형은 황

윤원(黃允元)인데, 사가(四佳) 서거정(徐居正)과 어릴 때부터 교유가
깊었다. 『사가집(四佳集)』 권31, 권50, 권51에 황윤형에게 준 3종의
시가 실려있다. 특히 권50에 실린 「황정 윤형의 춘천 명농정에 대한
시권에 제하다(題黃正允亨春川明農亭詩卷)」[11]는 성현의 시를 차운한
것이라 당시의 상황을 이해하는 데 요긴한 자료가 된다.

서거정(徐居正)이 황윤정에게 준 한시[12]

태평성대 만나서 은총 입어 명성 날릴 제
그대 성명의 향기가 사문을 진동했으니
재주는 세상에 우뚝하여 봉황이 날아온 듯
인물은 당대의 조정에서 경성을 본 듯했네
고상한 흥취는 도령의 취기를 따랐거니와
미친 말투는 차공의 깸을 배우지 않았지
소양강 한 줄기가 물들여 놓은 듯 새파란데
전원에 돌아간 풍류가 명농정(明農亭)에 있네 그려

遭遇蜚英被寵靈. 斯文藉甚姓名馨. 才華擅世來祥鳳. 人物當朝覸景星.
雅興已追陶令醉. 狂言不學次公醒. 昭江一帶靑如染. 歸去風流有草亭.

---

11   한국고전종합DB 인용.
12   한국고전종합DB 인용.

△ 춘천 서면 월송리 황곤의 묘
▽ 춘천 서면 월송리 황곤의 사당

삭녕 최씨 가문
朔寧 崔氏 家門

　　삭녕 최씨(朔寧 崔氏)는 경기도 연천군과 강원도 철원군, 개성시 장풍군에 걸쳐 있는 옛 삭녕 지역을 관향으로 하는 성씨이다. 시조 최천로(崔天老)는 고려 때 문하시랑평장사(門下侍郎平章事)를 지냈으며, 시조가 대대로 살던 곳은 강원도 철원군 마장면 대전리 괴음촌이다.

　　춘천 송암리(마삼내)로 낙향한 사용공(司勇公)의 이름은 최대지(崔大知)이며 입향의 연유를 아래와 같이 비문에 기록하였다.

　　사용공의 세대에 임진란(壬辰亂)을 만났다. 아! 이러한 때를 당하여 선조(宣祖)가 의주(義州)로 여러 번 옮겨 다니며 통곡하자 관산(關山)의 충의(忠義)로운 선비들이 각 지역에서 의병을 일으켰는데, 공이 집안 일을 형에게 의탁하고 분연히 의리를 지켜 옮겨 다니며 싸웠으나, 사방에 중과부적으로 패하여 춘천(春川)으로 물러났다. 이어 삼악산 상원사(上院寺) 통천굴(通川窟)의 유적(遺蹟)으로 피하였다.[13](중간생략) 사용공이 삼악산 아래 사방을 둘러보고서 마삼천리(麻三川里)에 터를 정하였으나, 미흡한 감회가 있어 전하는 시구에 "압록비성(鴨綠肥城)은 본래 3천 리인데, 닭이 울고 새벽에 9만리 하늘을 열고 봉황산(鳳凰山)이 동쪽으로 높은데 붓을 잡았고, 한강(漢江) 서쪽으로 갈라지면서 연기를 두려

13　"司勇公之世 逢壬辰亂. 噫當此之時 宣祖歷遷義州痛哭關山忠義之士 擧義於各地. 公以家事託兄 而奮然仗義轉戰, 四方衆寡不敵, 故敗退春川, 仍避上院寺通川窟遺蹟矣."

◔ 춘천 송암동 최대지의 묘
◔ 춘천 송암동 최운경의 사당

워하였다."[14] 또한 후손들에게 경계(警戒)하기를 "농사를 다스리는 데는 근본이 되니, 예가 아니면 행하지 말며, 가난하지 말며, 일에 임해서는 의(義)를 중시하며 충효를 게을리하지 말며, 술을 마시되 훼손하지 말아서 우애(友愛)를 온전히 해야 한다고 하였으니, 이를 보면 유훈(遺訓)의 밝음과 수신제가(修身齊家)의 도가 여기에서 충분하다 하였다.

낙향조의 유언에 따라 삭녕 최씨 후손들은 지금까지 삼천동 일대에 거주하며 유지를 받들고 있다.

용담(龍潭) 최운경(崔雲卿: 1842~1926)은 『수춘지』 문학 편에 따르면, 중암 김평묵에게 수학하였으며 성재 유중교의 문하에 들어갔다. 중암이 운경이라는 이름을 주었으며, 초당(草堂)에 이름을 붙이기를 기기대(棄棄臺)라 하고 기문을 지었다. 대개 다른 사람이 버린 것을 나는 취하고 내가 취한 것을 다른 사람은 버린다는 뜻이다. 학행과 덕망으로 공경하는 자가 많았다고 알려져 있다. 1856년 용담 서사(龍潭書社)를 설립하고 스승인 중암 김평묵을 초대하여 지역 문인들을 양성하였다.

최운경이 조선 고종의 국상을 당하여 국사봉에서 읊은 한시

성하게 우거져 깊고 빼어난 가장 높은 봉우리에
초나라 노인들 서로 올라 애통한 모습 지으네
가련하구나 오백년 왕업이 이제는 가버리니
당일 눈물 흐르지 않은 소나무 없구나

蔚然深秀最高峰. 楚老相登痛作客. 可憐五百年今去. 當日無非濾淚松.

---

14   "公周觀四圍定基于 麻三川里 然若有未洽之感題其所傳之句 則 鴨肥城固三
      千里 鷄搏晨開九萬天 鳳崑東高能執筆 漢江西拆畏侵煙."

영암 박씨 가문

靈巖 朴氏 家門

영암 박씨(靈巖 朴氏)는 전라남도 영암군을 본관으로 하는 성씨이다. 밀양 박씨에서 분파된 영암 박씨(靈巖 朴氏)는 박언침의 10세손으로 고려시대에 좌정승을 지낸 박항(朴恒: 1227~1281)을 시조로 하여 가계를 이어오고 있는 가문이다.

춘천 입향조는 조선 태종조에 공조판서를 지낸 박보룡(朴寶龍)의 후손이며, 성종조에 선략장군별시위(宣略將軍別侍衛)를 지낸 박연령(朴延齡)이다. 부인은 홍천 용씨다. 묘비에 아버지는 세조조에 의정부 좌찬성을 지낸 박유원(朴有元)이고 본인의 묘는 춘천부 북내면(北內面) 역동(驛洞: 현 용산리)에 안장되었다고 기록되어 있다. 춘천의 영암 박씨 후손은 두 파가 있는데, 큰집은 춘천시 신동과 용산리 및 지내리에 거주하며, 작은집은 동내면 거두리에 거주하고 있다.

박주국(朴柱國)은 1854년(철종 5)에 정려를 받았다. 효행(孝行)을 알아보면, 아버지가 병환으로 생명이 위독하여 밤낮을 가리지 않고 정성을 다하여 치료 받던 중 의원으로부터 자라를 잡아 약을 하면 좋다는 말을 듣고 자라를 구하려고 매일 강가에 나가 자라를 잡으려 하였으나, 장마철로 인하여 구할 수가 없었다. 눈물을 흘리며 밤마다 자라 구하기를 기도하니 하늘도 무심치 않은 듯 어디선가 강으로 나가 보라는 소리가 들려 강가로 나가보니 과연 큰 자라가 나와 있어 이를 잡아다 부친께 약으로 달여드려 병을 낫게 하였다고 한다. 정려각은 춘천시 동내면 거두리에 있다.

춘천 신북읍 용산리 박연령의 묘

춘천시 동내면 거두리 박주국의 효자문

광주 정씨 가문
光州 鄭氏 家門

광주 정씨(光州 鄭氏)는 전라도 광주를 본관으로 하는 성씨이다. 시조 정신호(鄭臣扈)는 고려 말에 봉은사진전직(奉恩寺眞殿直)과 상호군(上護軍)을 지냈고, 삼중대광(三重大匡) 문하찬성사(門下贊成事)과 판판도사사(判版圖司事)에 추봉되었다. 정신호의 손자인 정구진(鄭龜晉)이 1386년(고려 우왕 12) 문과에 급제하여 사헌부집의 등을

춘천 서면 방동리 입향비

거쳐 1425년(조선 세종 7) 강원도관찰사를 지냈다.

춘천시 서면 금산1리 북한강가의 마을을 지역주민들은 와빈리(臥濱里)와 성재봉(惺齋峰)이라 부르고 있다. 이는 광주 정씨 진사공파 가문과 관련이 있다. 조선 성종(成宗) 초에 정구진의 현손인 정경(鄭褧)이 과거공부를 폐하고 춘천 소양강변에 입향하였고 그의 첫째 아들 소강재공(昭江齋公) 정이우(鄭以虞)는 춘천을 떠나지 않고 은일하였고, 둘째 아들 성재공(惺齋公) 정이주(鄭以周: 1530~1583)는 상경하여 선조 무진년(1568)에 문과에 합격하여 정언(正言)·지평(持平)·정주목사를 역임하였다. 이후 고향 춘천시 서면으로 돌아와 자적하며 후학들을 가르쳤다고 한다. 그때 그가 머물던 마을을 와빈리라 하였고, 뒷동산을 성재봉이라고 지금까지 부르고 있다. 당시 기대승, 김성일, 지퇴당 이정형과 교류가 있었고 특히 율곡 이이와 친했으며, 율곡이 입산(入山)한 경력을 두고 논쟁이 있을 때 변론한 내용이 이긍익의 『연려실기술』에 보인다. 그의 아들 정운호(鄭雲湖: 1563~1639)는 1611년 과거급제하여 1623년 사은사(謝恩使)로 중국을 다녀왔다. 지금의서면 강서중학교와 금산초등학교 일대를 말하는 것이다. 사당은 서면 방동리에 있으며 후손들은 서면, 남산면 등에 거주한다.

연경으로 달려가는 정 서장 운호를 송별하며(別鄭書狀雲湖赴京)[15]

천상에서 견우직녀 기쁘게 만나는 날
인간세상에서 우리는 지금 이별을 하누나
신추의 아쉬움을 간직하고 있는데
양지의 그리움까지 지니게 되었도다
저물녘 어스름을 성곽 비가 보내오고
서늘한 기운을 우물 오동이 아는구나
은하수를 떠가는 성사를 바라보며
다시 만날 기약을 서글피 묻는다오

天仙歡會夕. 人世別離時. 已抱新秋恨. 仍兼兩地思.
晚陰城雨送. 涼意井梧知. 悵望銀河上. 星槎問後期.

15   지봉 이수광(李睟光)이 정운호에게 준 시

○ 춘천 서면 방동리 광주 정씨 사당(와빈사)

창녕 성씨

전주 이씨 덕양군파

의령 남씨

고흥 류씨

3부

조선 후기(1600년 이후) 입향 가문

전주 이씨 수춘군파

남양 홍씨 익산군파 사마공파

청풍 김씨

이천 서씨

성주 이씨

강릉 최씨

연안 차씨

전주 이씨 경창군파

칠원 윤씨

의령 남씨 가문

宜寧 南氏 家門

　　의령 남씨(宜寧 南氏)는 경상남도 의령군을 본관으로 한다. 시조 남민(南敏)의 본명은 김충(金忠)이며, 당나라 여남(汝南) 사람인데, 755년(경덕왕 14)에 당나라 안렴사(按廉使)로서 일본에 사신으로 가다가 풍랑을 만나 영덕군 축산면에 표착(漂着)하였다고 한다. 신라 경덕왕은 그가 여남(汝南)에서 왔다고 하여 남(南)씨로 사성(賜姓)하고 이름을 민(敏)이라 하였으며, 영양현(英陽縣)을 식읍(食邑)으로 삼게 하였다고 한다.

　　춘천 의령 남씨는 충경공손 직제학공 장자감찰공파의 후손으로 조선 숙종 때 남도혁(南道赫)이 춘천으로 낙향하였는데 처음 정착한 곳은 서면 서상리(툇골)였다. 후에 신북읍 율문리의 사랑마을에서 세거하였다. 남도혁의 묘소는 신북읍 발산리 삼한동(三韓洞)에 있다가 동면 만천리로 이장하였다.

추월(秋月) 남옥(南玉)

　　김영하의 『수춘지』 문예 편에 남옥을 기록하길 "남옥(南玉)의 호는 추월당(秋月堂)이며 의령인(宜寧人)이다. 서상리(西上里) 퇴동(退洞)에서 태어날 때 시냇물이 사흘 동안 말랐었다. 집이 매우 가난하여 어머니가 매일 품방아를 찧고 삯바느질을 하였다."고 기록하였고, 이규상(李奎象: 1727~1799)[16]은 『병세재언록(幷世才彦錄)』[17] 문원 (文苑)에 남옥을 기록하길 "남옥의 자는 시온이요. 호는 추월이며, 벼슬은 문과에 급제하여 결성(結城)현감, 수안(遂安)군수를 지냈다. 그의 동생 중(重)과 형 규(圭) 또한 모두 과부(科賦)를 잘했지만 그의 과부는 참으로 신출기몰 하였다. 통신사로 수행하여 일본을 다녀왔다."고 하였

남옥의 초상화

다. 이렇듯 남옥은 춘천 최고의 시인이었다.

남옥의 죽음과 관련된 사건 기록은 그가 48세였던 1770년(영조 46) 이조 좌랑 최익남(崔益男)이 상소를 올렸는데, 새로 왕세손(王世孫)에 책봉된 동궁(東宮: 정조)이 아버지 사도세자의 묘소와 사당에 성묘하기를 오래도록 폐지한 것에 대해 비판하면서, "아버지에게 효도를 하고 나서, 할아버지에게도 효도를 해야 하는 것입니다."[18]라고 역설하고, 노론계 벽파의 영수인 영의정 김치인(金致仁)의 죄상을 열거하고, 벽파의 중진들이 자기들의 잘못을 덮으려고 하는 것은, 공론을 저버린 행위라고 공격하였다. 이에 격노한 영조가 최익남의 배후라고 의심되

---

16   이규상(李奎象: 1727~1799) 자는 상지(償之), 호는 일몽(一夢), 본관은 한산이다. 평생 벼슬을 하지 않고 학문에만 전념하였다. 한산 이씨 문집인 『한산세고』에 그의 문집인 『일몽고』가 실려있다.

17   저자 이규상이 동시대를 살았던 다양한 인물들의 행적과 일화를 자신의 견문에 근거하여 저술한 책으로 18개 항목에 걸쳐 180여 명의 인물을 다뤘다.

18   崔益男, 以前吏郞投疏, 上款以東宮曠廢省謁於思悼世子墓祠爲言, 有曰, 孝於父而後孝於祖, 誠於父而後誠於祖.

는 최백남(崔百男)·정석오(鄭晳吾)·이봉환(李鳳煥)·문희민(文喜珉) 등을 체포하여 국문(鞫問)하게 하였다. 남옥은 '최익남의 옥사'에 연루된 이봉환(李鳳煥)과 친하다고 하여 체포되어, 혹독한 심문을 받았다. 남옥은 투옥된 지 5일 만에 장형(杖刑)을 이기지 못하여, 그해 11월 30일 옥중에서 절명(絶命)하였는데, 향년이 48세였다.[19] 문집으로는 『일관시초』·『일관창수』·『일관기』가 전해지고 있다.

남옥(南玉)의 한시

차가운 달 아래 다리와 남쪽으로 난 희미한 외길
소양(冬至)의 외로운 나그네는 추위에 옷도 못 걸쳤네.
고결한 모습 성안 어디에서 찾아볼 수 있을까?
눈 속에 누운 고상한 자취 함부로 보이지 않았네.
깊숙한 방안에 핀 매화를 바라보며 시름에 젖는 나그네
조용히 물가에서 돌아갈 생각으로 괴로워하는데.
고향 땅 지극히 바라보니 온 산은 날이 저물고
가지 꺾어 보내고 싶지만, 역사는 이미 떠나갔구나.

寒月橋南一徑微. 昭陽孤旅冷無衣.
圍城潔貌何求在. 臥雪高蹤漫出稀.
閤裏深深愁見客. 水邊悄悄苦思歸.
鄕園極目千峰暮. 欲折瓊枝驛使違.

19   영조실록 115권, 영조 46년 11월 30일 壬申 2번째기사.

🔺 춘천 동면 만천리 남도혁의 묘
🔻 춘천 신북읍 발산리 남옥의 묘

남양 홍씨 익산군파·마천공파 가문

南陽 洪氏 益山郡派·麻川公派 家門

    남양 홍씨는 경기도 화성시 남양읍을 본관으로 하고 홍은열(洪殷悅)을 시조로 하는 당홍(唐洪)계와 홍선행(洪先幸)을 시조로 하는 토홍(土洪)계가 있다. 홍은열은 고려 삼중대광(三重大匡) 태사를 지낸 인물이다.

    익산군파는 남양 홍씨 13대손 홍운수(云遂)로부터 시작된 문중이다. 조선시대 익산군파에 대표적인 인물로는 한성판윤을 지낸 16대손 심(深)과 아들인 응(應)과 홍(興)이 있다. 홍홍(1428~1492)은 벼슬이 대사헌에 이르렀으며, 청렴하고 원칙적인 인물로 평가받았다. 그 후 1543년 서울에서 태어난 홍익준(翼俊: 20대)이 진사시에 입격하여 평안도사, 풍기군수, 이조정랑 등을 역임하였다.

    홍익준의 손자 진호(振湖: 22대)가 1669년 춘천부에서 발급받은 준호구 문서에서 춘천 동면 만천리로 이주한 것이 확인됨으로써 춘천 입향조가 된다. 춘천으로 이주한 이유는 홍진호의 장인이 춘천 세거 씨족인 선산 김씨 김첨명이란 점과, 그의 아들 훤(蕙: 23대)의 처가 대사헌을 지낸 경주이씨 지퇴당 이정형의 후손으로 춘천의 재지사족과의 혼인에서 연유하는 것으로 볼 수 있다.

    적와(適窩) 홍언철(洪彦喆: 1729~1796)의 고조는 종사랑 진호, 증조는 형조정랑 훤(蕙), 할아버지는 통덕랑 주숙, 아버지는 첨지중추부사 창진, 어머니는 숙부인 연안 김씨이다. 1729년 3월 3일 춘천에서 태어나 1762년(영조 38)에 생원시와 진사시에 합격하였고, 다음

춘천 동면 만천리 남양홍씨 익산군파(홍언철) 묘역

해인 1763년(영조 39)에 영조가 70세가 됨을 축하하며 베풀어진 대증광별시(大增廣別試)에서 병과 20명 중 하나로 급제하였다. 사은일(謝恩日)에 영조는 가주부(假注書)가 된 홍언철을 보며 사람됨이 지극히 정밀하며, 지방 사람인데 지방 사람답지 않은 용모를 가지고 있다며 칭찬하였다. 또한 권점(圈點)에서 홍언철이 빠지어 지방에 가 있다는 사실을 알고는, 불러들여 한림으로 삼기도 하였다. 그 뒤 홍언철은 이조좌랑·영해부사·사헌부·사간원·홍문관·예문관과 같은 언론이나 문학에 관한 업무를 담당하는 청환(淸宦)의 요직을 맡았다.[20] 춘천 출신 문관으로는 최초로 당상관(정3품)이 되었으며 18세기 춘천을

20 고민정, 「朝鮮時代 士族의 地方 移居와 定着에 관한 硏究: 南陽洪氏 益山君派의 春川移居를 중심으로」, 춘천 강원대학교 석사학위논문, 2008.

대표하는 문인이다. 고향 만천리에서 지역 문사들과 만곡동시사(詩社)를 결성하여 『만곡동사록』을 남겼다. 묘소 및 후손들은 동면 만천리에 거주하고 있다.

시대에 따라 장묘문화도 매장에서 화장으로, 단독묘에서 집단묘역으로 변화되어 이 문중에서 선조들의 묘를 화장 후 한곳으로 모셨다.

조의(朝衣)를 벗고 한양성을 나와
시 벗들(同社)의 초청으로 이곳으로 와 함께 하네
해는 떨어져 잔설을 뚫고 들어와
밤새도록 누워 늙은 소나무 소리 듣고
친구들과 질탕지게 다시 노니는 것은
세상이 풍년들고 태평하기 때문이라네
개울 남쪽 밭 두 고랑이 묵었다 해도
봄날에 그대와 짝이 되어 갈아 보리라.

朝衣脫却出秦城. 里社招邀偶此行.
落日衝回殘雪色. 終宵來臥老松聲.
朋儕跌宕還奇會. 時世豐登又太平.
蕉沒溪南田二頃. 與君端擬耦春耕.
(夜會松齋拈韻各賦 甲申至月念六日)

마천공파는 홍일동(洪逸童: 1412~1464)의 후손들이다. 자는 일휴(日休), 호는 마천(麻川)이며 절도사 홍상직의 아들이다. 1442년(세종 24) 천시문과에 병과로 급제하여 돈녕부부승으로 승진하였고 1455년 좌익원종공신 2등으로 책록된 인물이다. 서면 방동리에 묘소가 있는데 최초의 무덤은 충청도 홍주에서 이후 경기도 과천시로 이장하였고 1990년 도시개발로 인하여 춘천시 서면 방동리로 이장하였다. 문집으로는 『마천집』이 있다.

◎ 춘천 서면 방동리 남양 홍씨 마천공파 홍일동의 묘
◎ 춘천 서면 방동리 홍세인의 묘

　　춘천의 입향조는 홍일동의 손자 홍세인(洪世仁)으로 보는데, 부인이 강릉 유씨 유익건의 딸이다. 묘소가 유익건의 묘 아래에 위치하고 있는 것으로 보아, 입향 연유가 강릉 유씨 가문과 관련이 있는 듯 하다. 후손들은 서면, 신북읍, 남산면에 거주하고 있다.

　　홍재구(洪在九: 1845 ~ 1898)의 호는 손지(遜志)이며, 1881년 신사척사운동(辛巳斥邪運動)때 순절한 홍재학(洪在鶴)의 형이다. 홍재학과 함께 양평의 대학자 화서 이항로(李恒老)의 문하에 들어가 수학하였고 화서의 제자 중암(重庵) 김평묵의 사위가 된 인물이다. 1876년 동생 홍재학과 함께 개화에 반대하는 「경기강원양도유생논양왜정적잉청절화소(京畿江原兩道儒生論洋倭情迹仍請絶和疏)」를 올려 개항 절대 불가를 주장하였다가 고종에게 화를 당하여 평창 봉평으로 이주하였다. 저서로는 『정속신편(正俗新編)』이 프랑스 제3대학교 도서관에 있다고 한다.

홍재학(洪在鶴: 1848~1881)의 호는 여지(勵志)이며 홍재구의 동생이다. 아버지는 홍창섭(洪昌燮)이며 어머니는 평해 황씨이다. 화서 이항로의 문인이며 1876년(고종 13) 일본과의 수호조약이 맺어지려 하자 유생들과 더불어 반대 상소를 가지고 상경하였으나, 뜻을 이루지 못하고 돌아왔다. 1881년 신사척사운동(辛巳斥邪運動)에 앞장서서 「관동유소(關東儒疏)」의 소두(疏頭)가 되었다. 상소에는 고종에 대한 직접적인 비판과 개화정책에 앞장섰던 김홍집·이유원(李裕元)에 대한 규탄도 포함되었다. 이로 인해 고종은 홍재학에게 고문을 가했고 범상부도(犯上不道)로 판단하여 서소문 밖에서 참형되었다. 춘천 문인으로서 자신의 신념을 글과 행동으로 보여준 선비였다. 참형 이후 후손들의 가세(家勢)는 기울어지고 역적이라는 굴레에 쓰여 힘든 세월을 보냈다고 한다. 일례로 시신도 겨우 거두어 사북면 고성리 양통마을 깊은 산속에 묘소를 마련하였고 묘비 조차 없이 존치한다고 말하였다. 춘천을 화서학파 의병의 본고장이라 하지만 화서학파의 종형으로서의 대우는 냉혹하기만 하다.

중암 김평묵이 사위인 홍재구가 사는
신북읍 발산리(삼한동) 집에 들려 써준 한시

수리봉 아래엔 물이요
수리봉 위에는 구름이네
구름과 물은 봉우리와 골짜기와 더불고
하늘은 손지군(洪在九)을 빌려주었네

秀里峰下水. 秀里峰上雲.
雲水與峰壑. 天借遜志君.
鷲峰(취봉) 方言鷲爲秀里(지방 말에 의하면 독수리를 수리라 한다.)

향산(響山) 이만도(李晚燾:1842~1910)의 홍재학에 대한 회고시 [21]

상소 올린 홍 절사의 모습을 내 그리나니
기둥에는 피 흐르고 수레 축이 부러졌네
오랑캐도 홍 절사의 의리 아는 마음 있어
그 충성심 장려하며 슬피 제문 지었다네

我懷擧幡洪節士. 柱血迸流折輬軌.
虜人亦有義理心. 反奬危忠致哀誄.

21   "신사년(1881, 고종 18)에 홍재학(洪在鶴)이 관동척화소(關東斥和疏)로 인해
       가장 먼저 극형(極刑)을 받았는데, 막 나가려고 할 즈음에 수레의 축이 부러지
       고 기둥에서 피가 흐르는 이변이 있었다. 이에 왜인들조차 그를 죽여서는 안 된
       다고 우리 측에 말하기도 하였다." 『향산집』 제1권, 유회(有懷)

고흥 류씨 가문
高興 柳氏 家門

　　고흥 류씨(高興 柳氏)는 전라남도 고흥군을 본관으로 하는 성씨이다. 시조 류영(柳英)의 7세손 류청신(柳淸臣)이 고이부곡(高伊部曲) 출신으로 1310년(충선왕 2) 정승에 임명되고 고흥부원군에 봉해졌다고 한다.

　　남면 가정리에 세거하는 고흥 류씨 가문은 유몽표(柳夢彪: 1543~1616)의 후손들이다. 유몽표는 임진왜란이 발발하여 왜구가 침범하자 노모를 모시고 양주 묘산으로 피신하였는데 왜구가 칼을 빼어 들고 노모를 찌르려 하자 아우 몽웅(夢熊)과 함께 칼날을 받아냈다. 자신은 살아 남았으나 동생은 죽어서 정려를 받았다고 한다. 그의 아들 유숙(柳潚: 1564~1636)은 조선 명종(明宗)~인조(仁祖) 때의 문신이다. 본관은 흥양(興陽·현재의 고흥), 자는 연숙(淵淑), 호는 취흘(醉吃)이다. 1597년(선조 30) 정시에 급제해 관직에 나아갔고 홍문관, 사간원, 사헌부 등의 언론 삼사(三司)의 관직을 비롯해 대사성, 대사간, 부제학까지 올랐다. 광해군 5년(1613년)에는 형난공신(亨難功臣)의 훈호를 받았다.

　　유숙은 선조 41년(1608년)에 강원도도사(江原道都事)에 부임하면서 강원도와 인연을 맺게 됐다. 그는 고흥 유씨 부학공파(副學公派)의 파조(派祖)이며, 춘천 입향조(入鄕祖)다. 유숙이 1616년 부친 유몽표(柳夢彪)의 묘를 춘천 남면 가정리에 정하고, 6년 동안 시묘살이를 하면서 남면 가정리 일대에 고흥 유씨가 모여 살게 되었다. 구한말 항일운동을 한 의병장 유인석(柳麟錫), 유홍석(柳弘錫), 유제원(柳濟遠), 그의 아내 윤희순(尹熙順) 등이 유숙의 후손들이다.

소양정에 오르다(登昭陽亭)[22]

수춘의 형승 관동에 높은데
또다시 소양정에 오르니
아득히 빼어난 푸른빛은 삼악산에서 나오고
오랜 원기를 담은 두 강이 흘러오네
단청 누각, 꽃 그림자, 고인의 시판
맑은 물에 바람 일자 술잔을 드네
오랑캐 노래 소리 끝내 숨을 죽여
혼을 울리는 순임금 음악이 봉의산에 돌게 하리라

壽春形勝冠東甌. 更一昭陽亭子開.
遠拔靑光三岳出. 長涵元氣二江來.
畫軒花暎前人板. 鏡水風生此日杯.
可使夷音終屛息. 動魂韶樂鳳儀廻.

◐ 춘천 남면 가정리 유숙의 묘
◑ 춘천 남면 가정리 류인석의 묘

전주 이씨 덕양군파 가문

全州 李氏 德陽君派 家門

　덕양군파는 조선 중종(中宗)의 별자 5남인 이기(李岐 : 1524~1581)가 파시조이다. 어머니는 숙의 이씨이며 장남이자 유일한 자녀였다. 덕양(德陽)이라는 봉호(封號)는 경기도 고양시 덕양(德陽)에서 유래했다고 한다.

　춘천에는 덕양군의 후손 구천군(龜川君) 수(睟)와 그의 아들 봉산군(蓬山君) 형신(炯信)의 후손들이며 봉산군의 손주인 직재 이기홍 형제들이 춘천, 가평지역으로 낙향하였다. 후손들은 춘천 우두동, 남산면, 사북면, 동면 등에 살고 있다.

〈직재 이기홍 형제 분석표〉

이름	생몰	관직	묘소	은거지	비고
기홍 (箕洪)	1641~1708	청풍부사	충주시 엄정면	춘천, 가평, 충주	3子 춘천거주
기범 (箕範)	1648~1690	진사	성남시	춘천 방하리	婦 고흥유씨
기인 (箕仁)	1651~1699	학생	양평개군 (괴산)	양근	
기부 (箕傳)	1653~1697	학생	춘천시 동산면	춘천 우두촌	婦 선산김씨

직재 이기홍 초상화 (『직재집』)   춘천 서면 금산리 직재 이기홍의 모현비

　　직재(直齋) 이기홍(李箕洪: 1641~1708)은 1674년 우암 송시열이
북쪽 덕원(德源)으로 귀양을 갈 때 동문수학한 이들과 선생의 억울함
을 탄원하였고, 그 사건으로 직재는 가평 산중으로 들어가 문을 닫고
세상일을 사절하니, 배우는 자들이 많이 찾아왔다.[23] 당시 형제들과
장원(莊園)이 가평에 있어 춘천으로 낙향하였다. 관직으로는 통천현
감·청풍부사를 지냈으며 춘천지역에 우암 송시열의 문풍을 식재(植
栽)한 문인이다. 문집으로는 『직재집』이 전해지고 있다. 춘천 서면
금산리에 모현비(慕賢碑)가 있다.

23　　『한수재 선생 문집』, 제26권, 묘갈. "甲寅與同門諸人. 訟尤菴冤. 及先生竄北
　　　亦如之. 仍入加平峽中. 杜門謝世. 學者頗從之."

陪監司叔父 遊淸平山(감사 숙부를 모시고 청평산을 유람하다)[24]

소공과 구경하는 8월의 가을
팥배나무 그늘에 구름 함께 노니네
아홉 그루 소나무 뒤섞여 동서로 짝하고
두 갈래 폭포 허공에 매달려 위아래로 흐르네
진락공(이자현) 옛집인 선동은 깊숙하고
열경(김시습)의 자취 세향원은 그윽하네
계수나무 휘어잡고 돌아가기 늦었는데
석양의 피리 소리 흥 그치지 않는구나!

召伯觀風八月秋. 棠陰又得慶雲遊.
九松傾蓋東西對. 雙瀑懸空下上流.
眞樂舊棲偹洞邃. 悅卿遺址細香幽.
攀援桂樹歸來晚. 一笛夕陽興不休.

전주 이씨 경창군파 가문
全州 李氏 慶昌君派 家門

경창군파는 조선 제14대 왕 선조의 별자 9남으로, 어머니는 후궁 정빈 홍씨이다. 이름은 이주(李珘: 1596~1644)다. 임진왜란이 한창이던 1596년(선조 29) 음력 9월 23일에 태어났으며 광해군과 임해군 정원군의 이복 동생이자 영창대군의 이복 형이다.

춘천시 남산면 강촌일대에 거주하는 후손들은 화평군(花平君) 이벌(李橃)의 직손들이다. 남산면 방곡리에 선영이 있다.

습재(習齋) 이소응(李昭應)은 1852년 음력 8월 7일 춘천부 남산외이작면(강촌리)에서 태어났다. 1895년 을미사변이 일어나고 단발령이 내려져 전국에서 의병항쟁이 일어나자, 1896년 1월 춘천부에 집결한 지방 유생 유중락(柳重洛), 이만응(李晩應) 등 농민 1,000여 명에 의해 춘천의병대장으로 추대되었다. 그는 위정척사(衛正斥邪)의 대의 아래 일본을 오랑캐 왜노(倭奴)로 규정하는 등 의병의 명분을 뚜렷이 하는 한편, 전국에 격문을 보내 함께 거사할 것을 촉구하였다. 이때 정부에서 춘천부 관찰사 겸 선유사(宣諭使)로 개화파 관료인 조인승(曺寅承)을 파견하자 그를 친일파라 하여 참형했다. 이어 남한산성의 경기의병과 연합하여 서울을 공격하기로 계획하였으나 관군의 공세로 전력이 약화되자, 지평군수 맹영재(孟英在)를 찾아가 협조를 요청하였지만 뜻을 이루지 못했다. 그 후 제천 유인석(柳麟錫) 의진에 들어가 활동하다 만주로 망명하였으며, 춘천 의진은 종형제 이진응(李晋應)과 이만응(李滿應), 이경응(李景應)이 지휘하였다. 중국으로 망명하여 1930년 음력 3월 25일 향년 79세로 별세하였다. 광복 이후 충북 제천시 봉양면으로 묘를 이전 하였다. 저서로는 춘천의 의병운동과 유인석 의진의 활동상황을 기록한 『습재연보』·『습재선생문집』 등이 있다. 1962년 건국훈장 독립장이 추서되었다. 구한말 춘천 의병들의 활동을 재조명하는 사업이 세워지길 소망해 본다.

도봉(검봉산)에 올라 봄을 감상하다 (登道峰賞春)[25]

수춘에 삼월이면 백화가 피는 때라
의관하고 꽃구경 가자고 몇 사람에게 물었네
증자의 풍욕(風浴)[26]은 천년이나 오래되었고
구양수이 취옹정에 오른 날과 같이 새롭구나
가까운 삼악산은 세속에서 모두 벗어나고
마을은 아득한 구곡으로 진인을 찾을만하다네
한 걸음 한 걸음 지나 비스듬히 위로 오르니
심신은 바람에 씻기고 속세 티끌은 사라진다네

壽春三月百花辰. 遊賞衣冠問幾人.
曾翁風浴千年古. 歐老登臨此日新.
地近三山皆脫俗. 村幽九曲可尋眞.
步步逶迤向上去. 心神飄灑淨消塵.

---

25   습재 이소응의 한시

26   증자의 풍욕(風浴): 원문은 '風浴宜時節 冠童共詠歌'로, 공자가 제자들에게 각자의 포부를 물었을 때 증점(曾點)이 "늦봄에 봄옷이 완성되면 어른 대여섯 사람과 아이 예닐곱 사람과 함께 기수(沂水)에서 목욕하고 무우(舞雩)에서 바람 쐬고 노래하며 돌아오겠다.(莫春者 春服旣成 冠者五六人 童子六七人 浴乎沂 風乎舞雩 詠而歸)"라고 하여 자연과 함께 하는 무욕(無慾)의 경지를 말하였다. 『論語』「先進」

◔ 습재 이소응 초상화 (저자 제공)
▶ 충북 제천시 봉양면 이소응의 묘
▶ 춘천 남산면 방곡리 이소응 공적비

전주 이씨 수춘군파 가문

全州 李氏 壽春君派 家門

　　수춘군파는 조선 세종의 13번째 아들이며 어머니는 혜빈 양씨의 후손들이다. 이름은 이현(李玹: 1431~1455)으로 수춘군파의 파시조이다. 이현은 1455년 세조의 성덕이 날로 성하여 단종의 숙부로서 반정의 뜻을 품어서 거짓으로 미친 척을 하여 절개를 세우다가 단식하여 세상을 버린 인물이다.

　　그의 5대손 설서(說書)를 지낸 이천추(李天樞: 1565~1610)가 1592년 임진왜란을 피해 춘천 고탄으로 이거한 후로 후손들이 신북읍 용산리에 세거하였다.

　　고란재(古蘭齋) 이천추(李天樞)는 선조 24년 을사년 식년시에 진사로 합격한 후 선조 38년 을사년 별시에 급제하였다. 관직으로는 한림(翰林)·세자시강원설서(世子侍講院說書)·예조좌랑을 역임하였다. 광해군 초년에 예조좌랑을 제수 받았으나, 부모님이 연로 하심으로 상소하여 자리를 물러나 봉양하였다. 당시 춘천의 지식인 출용 최인원, 안숭양, 이주(李冑)와 함께 교유하였다. 부인으로는 창녕 성씨 부인(1남 1녀)과 수성 최씨 부인(1남)을 두었다. 묘소는 신북읍 용산리 저수지 안쪽 저울골(檜洞)에 있다. 저서는 병자호란 때 소실되어 전해지지 않는다.

창녕 성씨 가문

昌寧 成氏 家門

　　창녕 성씨(昌寧 成氏)는 경상남도 창녕군을 본관으로 하는 가문이다. 시조는 성인보(成仁輔)이며 고려시대 호장중윤(戶長中尹)을 역임한 인물이다. 5세손인 성여완(成汝完)이 1336년(고려 충숙왕)에 문과에 급제하여 민부상서와 정당문학을 지내고, 조선이 개국되자 검교문하시중(門下侍中) 창녕부원군(昌寧府院君)에 봉해졌다. 성여완의 장남 성석린(成石璘)도 창녕부원군으로서 1415년(태종 15) 영의정에 올랐고, 차남 성석용(成石瑢)은 대사헌(大司憲)을 지냈으며, 삼남 상곡(桑谷) 성석연(成石珚)은 예조판서에 이르렀다.

　　춘천 입향조는 조선 숙종 1696년에 삼연 김창흡과 더불어 춘천 사북면 원평리로 이주한 성석연(상곡공파)의 후손 명탄(明灘) 성규헌(成揆憲: 1647~1741)이다. 그의 묘소는 사북면 원평리 진골골에 있으며 후손들이 사북면 원평리, 고성리, 서면 및 춘천 근교에 살고 있다.

　　원당(圓塘) 성규헌(成揆憲: 1647~1741)은 『수춘지』우거(寓居)편에 "우암 송시열의 문인이며 효종조에 음직으로 한성 참군이 되었다. 이어 승자하여 동지중추부사가 되었다. 일찍이 금강산에 들어가 나라의 치욕을 씻고 임금의 은혜에 보답하다(國恥雪君恩報) 라는 여섯 자를 등에 새겼다. 후에 경(敬)으로 안을 곧게 하며 의(義)로써 밖을 반듯하게 한다(敬直內義方外) 라는 여섯 자로 다시 고쳐 새기며 하늘에 맹세하였다. 대명(大明: 중국)에 대한 의리를 존숭하고 대명

춘천 사북면 원평리 〈원당〉

탄(大明灘: 사북면 원평리 일대)을 사랑함으로 인하여 여울가를 정해
서 집을 짓고 자기의 호로 삼았다. 「대명당기(大明堂記)」를 지어 "수
양산 중의 은나라 일월의 의리(義理)"를 보이려 했다. 당(堂) 앞에 둥
근 못을 파놓고 마을을 원당(圓堂)이라 이름을 붙였다. 백년 뒤에 삼
연(三淵)과 더불어 춘수영당(春睡影堂)에 배향되었다"고 기록하였
다. 지금도 원평리에 가면 창녕 성씨 후손 집 앞에는 원당(圓堂) 연못
이 존치하고 있으며, 홍직필(洪直弼)의 『매산집』에 묘갈명이 전해지
고 있다.

명탄성공묘갈명(明灘成公墓碣銘)

동방에 한 훌륭한 선비가 있으니, 바로 성공이시네. 기개 드높고 영걸(英
傑)하니 간기가 모여 태어난 분이네, 방종함을 거두고, 스스로 도야(陶

冶)를 이루었네. 머리 굽혀, 훤주(暖姝)하는 풍조 좋아하지 않았네. 뛰어
난 재주와 천진(天眞)한 마음을 지켜서 스스로 참된 천성(天性)을 보존
하였네. 상수의 비결(秘訣)을 사용하고, 널리 역사책을 취하였으며, 병
서(兵書)를 정밀하게 연구하고, 예원에 마음을 두었네.

이는 공의 여사이니, 스스로 진퇴할 수 있었네. 천하 사람들보다 먼저 근
심하고 뒤에 즐거워하니, 뜻이 백성을 장수하게 함에 있었네. 먼저 그 큰
것을 확립하니, 우리 《춘추》를 가슴에 품었네. 등에 문신하고 마음에 새
겨서, 주나라 서울을 높였네. 양구의 나쁜 운을 만나, 곤극이 장차 기울
려하자, 대궐을 지키며 울부짖어서, 우는 소리가 창령에까지 통하였네.

환란을 막으려 미리 대비하니, 충성스러운 말이 조정에 떨쳐졌네. 어떻
게 미리 알았는가, 실로 지성에서 나왔네. 복수와 설욕을 마음에 맹세하
여, 황명의 신하가 되었고, 종신토록 충성을 바쳐서, 국모(國母)가 있는
백성이 되었네. 움츠리지 않고 피하지 아니하여, 마음에 도리를 다하고
자 하였네. 숨었다가 나타남이 용과 같으니, 자방과 장원이었네.

이 또한 시중이니, 어찌 괴력난신(怪力亂神)에 빠지겠는가, 성기가 서로
감응함은, 화양옹에 있었네. 비록 스스로 수립하였으나, 사우의 공로에
서 연유한 것이네. 우뚝한 원당(圓塘)의 언덕에, 네 자의 봉분이 있으니,
청하의 기이한 뜻이, 모두 이 묘소 속에 맺혀 있네. 가을 측백나무 시들지
않고, 공의 준걸스런 백골 향기 남아 있네. 내가 감춰진 광채를 드러내어,
묘소에 밝히노라, 백세에도 여전히 전할 것이니, 명탄 선생이시네.[27]

東方一士. 曰有成公. 偶儻英偉. 間氣攸鍾. 斂時跡弛. 自就陶鎔. 不肯屈首. 暖
姝之風. 懷奇抱朴. 自葆性眞. 秘用象數. 博取史文. 研精韜鈐. 抽心藝圃. 是公
餘事. 能自屈伸. 先憂後樂. 志在壽民. 先立其大. 抱我春秋. 涅背銘心. 用尊京
周. 運値陽九. 坤極將傾. 守闕號泣. 聲徹蒼靈. 備豫防患. 忠言颺廷. 何以前
知. 寔由至誠. 矢心復雪. 爲皇明臣. 沒身靖獻. 爲有母人. 不撓不逃. 志欲盡
倫. 潛見猶龍. 子房長源. 是亦時中. 詎涉怪神. 聲氣相感. 于華陽翁. 雖則自
樹. 由師友功. 有屹圓阜. 四尺其封. 靑霞奇意. 欝結在中. 秋栢不死. 俊骨留
馨. 我發潛光. 用昭玄扃. 百世尙傳. 明灘先生.

27   한국고전종합DB인용.

⬥ 춘천 사북면 원평리 소재 원당(圓塘)
⬥ 춘천 사북면 원평리 성규헌의 묘

청풍 김씨 가문

清風 金氏 家門

청풍 김씨(清風 金氏)는 충청북도 제천시 청풍면을 본관으로 하는 가문이다. 신라 경순왕의 넷째 아들 김정구의 17세손 김대유 (金大猷)가 경주 김씨에서 분파하였다. 김대유는 신라 대보공(大輔 公) 시조 김알지(金閼智)의 후예인 장군(將軍) 김순웅(金順雄)의 12 세손으로, 고려 말에 문하시중(門下侍中)을 지내고 청성부원군(清 城府院君)에 봉해져, 후손들은 그를 시조로 하고 관향(貫鄕)을 청풍 (清風)으로 하여 세계(世系)를 이어오고 있다. 후손 문정공 김육(金 堉)의 신도비에 의하면 선계(先系)는 신라에서부터 나왔다. 통일신 라 말 왕자가 청풍(清風)으로 피하여 살았는데 이로써 그 후손들이 청풍군(清風郡) 사람이 되었다고 한다.

춘천과의 인연은 춘천시 서면 안보리에서 영면하고 있는 청풍부 원군 김우명(金佑明: 1619~1675)으로부터 시작된다. 김우명은 조선 현종의 왕비인 명성왕후의 아버지이며 숙종의 외할아버지가 된다. 춘천의 청풍 김씨 가문은 남산면 서천리, 서면 안보리, 신동면 증리 등에 거주한다. 소설가 김유정(金裕貞: 1908~1937)이 청풍 김씨 후손 이다.

김도수(金道洙: 1699~1733) 호는 춘주(春洲), 자는 사원(士源)이 다. 청풍부원군 김우명이 그의 조부였다. 당시 왕실과의 관계는 숙종 과는 고종사촌 간이고, 영조에게는 당숙이 된다. 아버지 김석순(金錫 順)이 서자였기 때문에 김도수는 평범하지 않은 생애를 살았다. 음보

○ 춘천 서면 안보리 김우명의 묘
▷ 춘천 송암동 김유정의 문인비

(蔭補)로 미관말직(찰방)을 전전하였다. 그러나 문학적인 능력을 인정 받아 삼연 김창흡(金昌翕)과 교류하였으며 젊은 시절에는 청평산으로 들어가 유정보성지학(遺情保性之學)으로 불교와 도교 공부를 하며 춘천에서 은거하였다. 35세에 요절하였고 문집으로는 『춘주유고(春洲遺稿)』가 있다.

김도수의 「소양가(昭陽歌)」[28]

님이여 서주곡(西洲曲)을 부르지 마오
님의 소양가를 듣고 싶어요
소양강 물 맑고 따뜻해져
문 앞 늘어진 많은 버드나무
동쪽 집 여자아이 얼굴 옥같이 하고
달 밝은 밤 빨래하러 강가로 오네
깊은 밤 놀라 일어난 학 무리는
봉황대로 울며 곧장 날아가네

願君莫唱西洲曲. 願君且聽昭陽歌.
昭陽江水清且暖. 門前鬖鬖楊柳多.
東家女兒顏如玉. 月明坑紗江上來.
夜深驚起鷗鶴羣. 鳴飛直過鳳凰臺.

28　김도수, 『춘주유고』 권1.

강릉 최씨 가문
江陵 崔氏 家門

강릉 최씨(江陵崔氏)는 강원도 강릉시를 본관으로 하는 가문이다. 강릉 최씨는 시조를 전주계(全州系: 시조 최흔봉(崔欣奉)), 경주계(慶州系: 시조 최필달(崔必達)), 강화계(江華系: 시조 최문한(崔文漢))로 달리 하는 세 계통이 있다.

춘천의 강릉 최씨 가문은 경주계 최필달의 후손들이다. 해남 현감을 지낸 최충걸(崔忠傑)파와 고령 현감을 지낸 최세덕(崔世德)파가 동면 감정리, 만천리, 정족리 등에 세거하고 있다.

최충걸(崔忠傑)은 『수춘지』 명사 및 총담 편에 기록이 있는데 본관이 강릉이며, 선산 김씨 우정 김경직의 문인이라 하였다. 조선 인조 때 음직(陰職)으로 해남(海南) 현감을 지냈으며 일찍이 여우의 정기를(狐精)를 삼켜 풍수지리에 능통하여 춘천 대가(大家)의 이름난 묘소들이 그가 점지한 데서 많이 나왔다고 기록하고 있다.

"하루는 우정 김경직이 수업을 하던 중 최충걸의 눈썹에 요기가 있는 것을 보고 묻기를 "네 근래에 요망한 노름을 하고 있으니, 숨기거나 꺼리지 말고 털어 놓아라!" 대답하길 "정말로 미인과 허물없이 놀고 있습니다." 우정이 말하길 "반드시 입에 구슬이 있어 희롱할 것이니 지금 돌아가는 길로 그 입 속 구슬을 삼키고 그 혀를 깨물어 끊어 버리고는 곧바로 하늘을 쳐다 보거라 그렇지 않으면 반드시 네가 위험해질 것이다." 과연 타일러준 대로 구슬을 삼키고 혀를 깨물었으나 모름지기 하늘을 쳐다보지 못하고 이내 땅을 보았다. 이에 여인이

흰여우로 변하여 울며 달아나 버렸다. 이때부터 최충걸은 풍수지리에 정통하였다고 한다."

또 "최충걸이 병들어 위독해지자 아들이 돌아간 뒤에 모실 곳을 물었다. 가마를 재촉하여 급리 서면 석파령(席破嶺)에 이르렀으나, 매우 위독해지자 급히 감정리 집으로 돌아와 뒷산을 가르키며 말하기를 "혈 깊이를 조금만 파면 반드시 반석이 드러날 것이니 도로 묻고 노출시키지 말고 장사를 지내거라" 하였다. 그러나 그 묘광에 미쳐서 여러 자식들이 말하기를 "어찌 어버이를 돌 위에 장사지낼 수 있으리오?" 하고는 이내 돌을 일으키니 붕어가 뛰어 나와 아래 우물로 들어갔다고 하였다. 비록 파괴된 것은 분명해도 후손들이 여전히 명성을 떨친 자를 헤아리지 못한다고 하였다." 지금도 동면 감정리 (甘井里)에 가면 최충걸의 묘소가 있으며, 묘소 아래에는 우물이 있으나 사용하지 않고 있다. 마을 이름이 이곳에서 유래 된듯하며 그 맛이 좋아 막국수 집이 번창하는 듯하다.

◭ 춘천 동면 감정리 최충걸의 묘
◮ 춘천 동면 감정리 강릉 최씨 사당

이천 서씨 가문
利川 徐氏 家門

　　이천 서씨(利川 徐氏)는 경기도 이천시를 본관으로 하며 신라 52
대 효공왕(孝恭王) 때 아간대부(阿干大夫)를 지낸 서신일(徐神逸)이
시조이다. 시조 서신일(徐神逸)의 아들 서필(徐弼)이 고려의 내의령
(內議令), 손자 서희(徐熙)가 내사령(內史令), 증손자 서눌(徐訥)이
문하시중(門下侍中)을 역임하였다.

　　춘천 이천 서씨 가문은 입향조인 명암공(鳴巖公)과 서인원(徐仁
元)의 후손들이며 남산면 광판리에 거주하는 가문이다.

　　명암(鳴巖) 서인원(徐仁元: 1544~1604)은 춘천부사(1596~1599)를
지낸 인물이다. 조선 명조(明宗) 조에 단양, 김화, 부여 등의 부목
(府牧)을 지냈으며, 선조(宣祖) 때에 원주 목사로 나갔을 때 시정(市
政)과 교화(敎化)를 크게 시행하여 강원도 관찰사로 발탁된 관료이
다. 1604년, 벼슬을 그만두고 지금에 춘천시 동산면 봉명리에 이주하
여 살았다. 일찍이 춘천부사로 있을 때 임란으로 폐허가 된 춘천향교
를 중건하였으며, 동산면 봉명리와 조양리 일대의 수석(水石)이 빼어
난 곳을 취하여 정자를 짓고, 박약재(博約齋)라 현판을 달고 은일(隱
逸)하니 인근의 많은 문인들이 존경하고 따르는 자가 많았다고 한다.
당시 허봉(許篈: 허균의 형), 서애 유성룡 등과 교류하였다. 지금도
남산면 광판중학교 뒤편에 비각이 있다. 문집이 있었다고 하나 현존
하지 않는 것으로 보인다.

춘천 남산면 광판리 이천 서씨 사당

선조실록 1604년 11월 23일 강원도 감사(江原道監司) 윤유기(尹惟幾)가 아뢴 내용이 있다.

"전 감사 서인원(徐仁元)이 이달 8일에 춘천 땅에서 죽었습니다." 서인원은 우직한 사람으로 담론(談論)을 잘하고 기백(氣魄)이 많았다. 젊을 때부터 사류(士類)에 드나들어 한때 이름이 알려졌다. 음관(蔭官)으로 보임되어 호부(戶部)와 고을 벼슬을 여러 번 지냈는데, 자못 근간(勤幹)하다는 명성이 있었다. 일찍이 풍원 부원군(豊原府院君) 유성룡(柳成龍)과 벗하여 친했는데, 유성룡이 수상이 되어서도 서인원이 사람이 많이 모인 공회(公會)에서 항상 자(字)를 불러 사람들이 모두 웃었다. 뒤에 청주 목사(淸州牧使)가 되어서는 매우 심하게 거둬들여 공사 일으키는 데 힘썼으므로 백성이 매우 괴로워하였다. 강원도 관찰사로서 어사의 탄핵을 받아 파직되자 분이 나서 죽었다.[29]

29   선조실록 181권, 선조 37년 11월 23일 己亥 5번째기사

칠원 윤씨 가문
漆原 尹氏 家門

칠원 윤씨(漆原 尹
氏)는 경상남도 함안군
칠원읍을 본관으로 하
는 가문이다. 시조(始
祖) 윤시영(尹始榮)은
신라 태종무열왕(太宗
武烈王) 때 태자태사
(太子太師)를 지냈다고

춘천 동면 장학리 칠원 윤씨 사당

한다. 시조의 탄생 설화가 있는데, 칠원현(漆原縣)에 사는 윤씨(尹氏)
부인이 꿈에 신인(神人)으로부터 아이를 낳거든 이름을 시영(始榮)이
라 하라는 말을 듣고 이름을 지었다고 한다. 윤시영이 칠원백(漆原
伯) 혹은 호장랑(戶長郞)을 지냈다고 하며, 7대에 걸쳐 봉군(封君)되
었고, 윤시영의 아들 윤황(尹璜)은 판태사국사(判太史局事)를 지냈는
데, 이후의 세계(世系)가 실전(失傳)되어 고려에서 칠원현의 호장(戶
長)을 지낸 윤거부(尹鉅富)를 1세조로 하는 성씨이다.

춘천 칠원 윤씨는 충효공파 윤환의 후손 중 사직공계 윤신충의
증손주인 윤사형의 후손들이다. 일명 '춘천파'라 한다. 춘천 입향조
인 진사 윤재빙(尹再聘)은 400년 전 충청도 청양에서 춘천시 동면 장
학(하일)리로 낙향하였다고 한다. 부인은 춘천 선산 김씨이다. 지금
까지 후손들이 춘천 장학리와 홍천군에 거주하고 있다.

윤사국(尹師國: 1728~1809)과 동천의숙(東川書塾: 춘천 최초의 서숙)

윤사국의 자는 빈경(賓卿) 호는 직암(直巖)이다. 1759년 알성문과에 병과로 급제하여 예문관에 들어가고 이어 승지, 대사간을 역임하고 강원도 감찰사가 되었다가 형조판서 등에 올랐다. 서예에 뛰어나서 당시 사찰, 누각의 편액을 많이 썼다. 동내면 고은리에 있는 동천서숙 현관과, 「동천서숙기문」이 그의 글씨이다.

「동천서숙기」

춘천의 동천에 거주하는 유생 윤기오 등 여러 사람은 나와 더불어 같은 태사공 할아버지의 후손이다. 내가 관찰사로서 각 고을을 순찰하다 춘천에 도착하여 이내 동천에 들러서 그의 아들과 동생을 불러보니 모두 준수하여 가르칠 만하였다. 그래서 그들의 학업에 관하여 물어보니, 모두 말하길 "집이 가난하여 스승을 따를 도리도 없으며, 또 학업을 익힐 장소도 없다"라고 하였다. 내가 듣고 측연하여 곧 관찰사의 늠여(녹봉)중 약간의 여분을 내주어 그들로 하여금 먼저 서당을 짓게 하고, 또 여러 종인으로 하여금 각각 벼 10두를 내놓아 계(稧)를 맺고 이자를 불려, 선생을 맞이하고 학업을 익히는 바탕으로 삼게 하였다. 모두 일어나 절을 하고 "감히 명령대로 하지 않겠습니까." 라고 하였다. 그 해 서당을 영건하고 곡물을 거두고서는, 나에게 한마디 말을 기록하여 후세에 보여 줄 것을 요청하였다. 내가 드디어 이것을 써서 돌려주며 "여러 종인이 만약 여기에 느끼어 마음이 움직여 자손을 깨우치며 영세토록 이 제도를 폐하지 않는다면 글을 읽고 몸가짐을 조심하는 선비가 어찌 이 서당에서 배출되어 학사가 되고 관찰사가 되지 않을 줄 알겠는가. 학사가 될지 관찰사가 될지 모르는데, 어찌 지난날 부절을 안고 갔던 나의 행보를 부러워하겠는가. 대개 이러한 뜻으로 수레 앞에서 바쁘게 뛰어다니던 아이들에게 말해주어 그들을 면려하라." 라고 하였다. 경술년(1790) 가을 종인 삼산노초(三山老樵)가 관동 선화당(원주 감영) 안에서 쓰다.

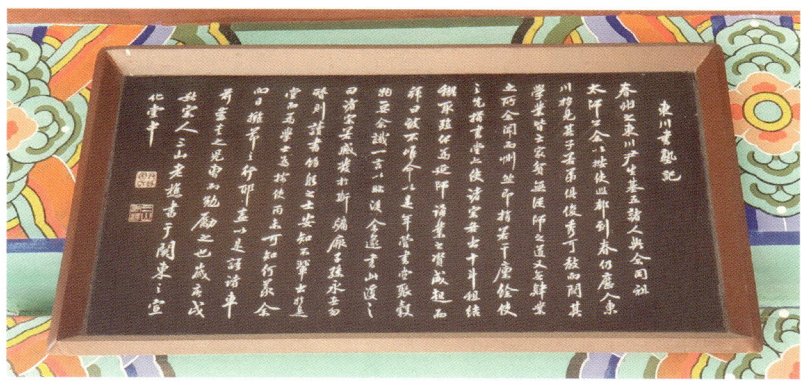

춘천 동내면 고은리 동천비각과 「동천서숙기문」

연안 차씨 가문

延安 車氏 家門

    연안 차씨는 황해도 연안군을 본관으로 하는 가문이다. 시조는 차효전(車孝全)이며 고려 개국공신으로 왕건을 도와 고려를 세워 그 공으로 연안(延安) 지역을 식읍으로 하사받아 이때부터 관향이 되었다고 한다.

    춘천 송암동에 거주하는 연안 차씨 가문은 오산공파(五山公派) 차천로(車天輅)의 후손들이다.

    입향조에 관해서는 자세하게 알 수 없지만 연안 차씨 족보에 차두영의 7대조인 차세진(車世震)의 묘가 춘천부 남면 오암리(鰲岩里: 현 송암리 자라바우)에 있는 것과 그의 후손들의 묘가 계속적으로 춘천에 있는 것으로 보아 차세진으로 추측되며(1650년대) 입향 경위는 알 수가 없다. 다만 이 시기에 차세진의 셋째 형(차세욱)의 아들인 차사징(車士徵)과 그의 아들 차만해(車萬海)의 묘도 춘천부 외 남면 배일과 서면 석파령에 있다는 기록으로 보아 특별한 연고가 있어 홍산(부여)에서 온 듯하다. 현재 후손들은 춘천이 아닌 다른 지역으로 이주한 것으로 파악되었다.

후산(后山) 차두영(車斗永: 1846~?)과 청오(靑吾) 차상찬(車相瓚: 1888~1946)

    차두영은 방목에 고종 25년(1888) 무자(戊子) 식년시에 진사로 합격한 것으로 기록되어 있으며 거주지는 풍기(豊基)이다. 춘천에서 무슨 연고로 잠시 경상도 풍기로 이거 했다가 돌아왔는지는 기록이 없어 알 수가 없다. 『수춘지』 공령(功令: 과거시험 보던 문체) 편에는 성품이 호방하고 시주(詩酒)를 잘했으며 취하면 나체로 누워 뒹굴었는데, 조용히 들으면서도 천둥소리를 듣지 못하고 오랫동안 보면서도 태산을 보지 못했다고 한다. 하늘을 천막으로 삼고 땅을 자리로 여겼으며 오직 두 아들이 시중을 들었는데 유령(劉伶)의 기상이 있었고 일찍이 태학에 올라 성대(聖代)에 시를 잘 지었다고 평가하였으니

차두영의 「송파강(松坡江)」 한시

외로운 배 한강 남쪽 섬에 하룻밤 묵노라니
마음 저절로 슬퍼지고 물도 절로 흐르네
강가에 선 비석 세월 오래되어
해동에는 춘추(春秋)를 읽을 땅이 없네
교외를 가득 채운 방초에 새로 한탄이 보태지고
성곽을 휘감은 연기는 저물녘 수심을 띠는구나!
하늘 뜻 아득하여 물어볼 곳 없어도
어찌 더러운 덕으로 신령한 고을을 더럽히리오

孤舟一泊漢南洲. 人自傷心水自流.
江上有碑多歲月. 海東無地讀春秋.
滿郊芳草新添恨. 繞郭浮煙晚帶愁.
天意茫茫無問處. 胡然穢德染神州.

차상찬(1887~1946)은 강원도 춘천시 송암동 자라우 마을에서 태어났다. 서울 보성중학교를 졸업한 뒤, 1913년에는 보성전문학교 법과를 졸업하고, 모교에서 법과 강사로 재직하였다. 1920년 대학동창 김기전과 함께 민족지 『개벽』을 창간하였고 『개벽』은 창간호부터 일제의 지독한 검열로 만신창이가 됐는데, 표지를 바꾸고 그의 시

춘천 공지천 조각공원 내 차상찬 동상 (저자 제공)

'경주회고'를 뭉개버린 후에야 '임시호'라는 번호를 달고 세상에 나올
수 있었다고 한다. 그 후 『개벽』에 700여 편의 글을 써냈는데, 한시
와 수필 등이 많았다. 한시는 주로 '경주회고(慶州懷古)'·'남한산성
(南漢山城)'·'관동잡영(關東雜詠)'·'가야회고(伽倻懷古)' 등의 시
제에서 볼 수 있듯이, 우리의 역사·유적·명승지에 관한 회고적인
것이 근간을 이루고 있다. 또한 역사에 관해서는 야사(野史)를 바탕
으로 한 야담·사화적(史話的)인 저술을 주로 하였다. 1926년 『개벽
』이 폐간된 후에도, 『별건곤(別乾坤)』·『신여성(新女性)』 등을 발간
하였다. 2010년 11월 1일 정부는 '제45회 잡지의 날 기념식'에서 대
한민국 정부 은관문화훈장을 추서(追敍) 받았다. 저서로 『조선4천년
비사(朝鮮四千年秘史)』, 『해동염사(海東艶史)』, 『조선사외사(朝鮮
史外史)』, 『한국야담사화전집(韓國野談史話全集)』가 있다.

차상찬의 춘천 장사 타령

무른댐이(옥산포) 처녀는
문배장사로 나간다
우두(牛頭)의 처녀는
참배(眞梨)장사로 나간다
동내구동(洞內九洞)처녀는
산채(山菜)장사로 나간다
명월리(明月里) 처녀는
멀우장사로 나간다
방동(芳洞) 처녀는
옹기장사로 나간다
서상서하(西下西上) 처사(處士)는
명주(明紬) 장사로 나간다
샘밧장 처녀는
막걸리 장사로 나간다.

성주 이씨 가문

星州 李氏 家門

성주 이씨(星州 李氏)는 경상도 성주군을 본관으로 하는 성씨이다. 성주 이씨(星州 李氏)의 시조인 이순유(李純由)는 경순왕(敬順王: 927~935) 재위 기간에 재상(宰相)의 지위에 올랐다. 성주 이씨 대동보에 의하면, 이순유는 아우 이돈유(李敦由)와 더불어 기울어져 가는 신라의 마지막을 지켜본 충신으로, 경순왕이 고려에 항복하자 마의태자(麻衣太子)와 함께 민심을 수습하고 천년의 사직(社稷)을 보존하기 위하여 구국의 방책을 기도하였으나, 끝내 그 뜻을 이루지 못하고 이름마저 극신(克臣)이라 고쳐 지금의 성주읍 경산리(京山里)에 옮겨 숨어 살았다고 한다.

이순유의 12세손 이장경(李長庚)을 성주 이씨 시조로 하며, 그의 5남 이조년(李兆年: 1268~1342)이 고려 광종 때 문과에 급제하여 명성을 떨치자 국왕은 그에게 특별히 삼중대광(三重大匡) 좌시중(左侍中) 흥안부원군(興安府院君) 도첨의정승(都僉議政丞) 지전리사사(知典理司事) 상호군(上護軍) 경산부원군(京山府院君)에 봉하였다. 충렬왕 이후 성주목(星州牧)의 지명을 따라 성주 이씨(星州李氏)라고 하였다.

춘천 성주 이씨 가문은 문열공파(이조년)의 7세손 이수강(李壽崗)의 후손이며 춘천 입향조이다. 지금도 서면 방동리에 후손들이 거주하고 있다.

춘천 서면 방동리 성주 이씨 사당

「다정가(多情歌)」[30]

이화(梨花)에 월백(月白)하고 은한(銀漢)이 삼경(三更)인제
일지춘심(一枝春心)을 자규(子規)야 알랴마는
다정(多情)도 병(病)인 양하여 잠 못 들어하노라

　　호암(湖庵) 이준용(李俊容: 1860 ~1945)은 1860년 1월 22일 강원
도 춘천시 서면 방동리에서 태어났다. 어려서 한학을 수학하였으며,
1876년 17세에 동학이 강원도에 포교되자 보국안민과 사인여천(事
人如天)의 사민평등(四民平等) 사상에 공감하여 입도하였다. 1892년
전답을 팔아 동학을 포교하기 위해 인근 지역을 순방하면서 동학사

30　　이조년(李兆年) 의 시조

상을 설파하여 많은 사람을 입도시켰다."[31] 1919년 3월 28일 춘천 독립만세운동을 주도한 혐의로 구속되어 복역하였다. 1992년 건국훈장 애족장을 추서하였다.

**이준용이 1920년 1월 22일(음력3월12일)
옥중에서 회갑을 맞이하며 쓴 시**

땅은 내 땅 이로되
나라를 잃었으니
주인은 나그네 되고
나그네는 주인이 되었네
내 모든 것 혼을 부어
자주독립 밑거름 하니
광복의 그날이 그날이 오면
춤을 추세 춤을 추세

◔ 춘천 서면 방동리 성주 이씨 묘역
◔ 춘천 서면 월송리 이준용의 묘

조선시대 춘천지역 출신 문과(文科) 급제자

조선시대 춘천지역 출신 문과(文科) 급제자[32]

조선시대 춘천지역 문과 및 생원, 진사시 합격자(인원)

지역	문과	생원시	진사시	합계
춘천	30	110	114	254

조선시대 춘천지역 문과합격자 성관별 분포 (『국조문과방목』에 거주지를 춘천으로 기록한 자)

본관	성	인원수	성명
海平(해평)	길(吉)	1	길현범(吉顯範)
光山(광산)	김(金)	1	
善山(선산)	김(金)	1	김경직(金敬直)
淸風(청풍)	김(金)	2	김성준(金聖準), 김중식(金中植)
宜寧(의령)	남(南)	1	남중(南重)
高興(고흥)	류(柳)	1	류영하(柳榮河)
文化(문화)	유(柳)	1	유병일(柳炳一)
慶州(경주)	이(李)	1	이후(李煦)
星州(성주)	이(李)	1	이규휘(李奎徽)

---

32   이상무, 『조선시대 강원지역 출신 문과(文科) 급제자 분석』, 강원연구원 강원
      학연구센터, 2018, 36쪽.

延安(연안)	이(李)	1	이주징(李周徵)
牛峯(우봉)	이(李)	1	이선(李選)
全州(전주)	이(李)	1	이정두(李廷枓)
慶州(경주)	이(李)	1	이후(李煦)
靈巖(영암)	박(朴)	1	박경원(朴慶元)
大邱(대구)	서(徐)	1	서명우(徐命遇)
隋城(수성)	최(崔)	3	최선(崔鎏), 최욱(崔煜), 최태후(崔泰厚)
全州(전주)	최(崔)	2	최숭제(崔崇齊), 최항제(崔恒齊)
靑松(청송)	심(沈)	2	심연한(沈連漢, 심후택(沈厚澤)
淸州(청주)	한(韓)	1	한종운(韓鍾運)
南陽(남양)	홍(洪)	3	홍성좌(洪聖佐), 홍언철(洪彦喆), 홍일형(洪一衡)
昌原(창원)	황(黃)	1	황면(黃冕)
平海(평해)	황(黃)	2	황경(黃燝), 황도(黃燾)
합계		30	

(이상무는 강원지역 출신이라 함은 과거시험 합격자 명단인 문과 방목에 거주지가 강원도 지역으로 표기되어 있는 사람들을 의미한다. 따라서 아무리 유명한 인물이라 하더라도 문과방목에 다른 지역으로 표기되어 있으면 부득이하게 연구 대상에서 제외하였다고 하였다.)[33]

33   이상무, 『조선시대 강원지역 출신 문과(文科) 급제자 분석』, 강원연구원 강원학연구센터, 2018, 93쪽.

참고문헌

〈기본자료〉

『조선왕조실록』, 한국고전번역원 한국고전종합DB.

『승정원일기』, 한국고전번역원 한국고전종합DB.

『신증동국여지승람』, 한국고전번역원 한국고전종합DB.

김학수 외, 『춘천지리지』, 춘천시, 강원일보사, 1997.

한희민 외, 『국역 수춘지』, (사)춘천역사문화연구회, 도서출판 산책, 2019.

한희민 외, 『춘천시향토문화유산총람』, 춘천시, 도서출판 산책, 2020.

박한설, 『역주 만곡동사록』, 춘천문화원, 강원일보사, 1989.

홍성익 외, 『춘천 정체성을 위한 역사문화 아카이브 유교문화』, 춘천문화원, 2016.

『차상찬 전집』, 차상찬전집편찬위원회, 금강 P&B, 2018.

김응조·이철순, 『춘천의 삼일운동과 호암 이준용 선생』, 글나무, 2004.

『春川 南陽洪氏 家 古文書 · 古書』, 강원대학교중앙박물관, 도서출판 산책, 2007.

김도수, 『춘주유고』, 한국문집총간219.

이상무, 『조선시대 강원지역 출신 문과(文科) 급제자 분석』, 강원연구원, 2018.

각 성씨 가문별 『족보』 및 소장 자료.

연구논문

고민정, 「朝鮮時代 士族의 地方 移居와 定着에 관한 研究 : 南陽洪氏 益山君派의 春
　　　　川移居를 중심으로」, 춘천 강원대학교 석사학위논문, 2008.
정용건. 「知退堂 李廷馨의 春川에서의 문한 활동과 그 추숭 양상- 文巖書院배향의
　　　　동인과 관련하여-」, 2022.『어문논집』.
한희민. 「조선후기 춘천지역 시문학 연구 -18세기 중심으로-」, 강원대학교 박사학위
　　　　논문, 2023.